Heinrich von Kleist

Das Käthchen von Heilbronn

oder

Die Feuerprobe

Ein großes historisches Ritterschauspiel

AF192172

Heinrich von Kleist: Das Käthchen von Heilbronn oder Die Feuerprobe.
Ein großes historisches Ritterschauspiel

Entstanden 1807/08, Teildruck in: Phöbus (Dresden) 1. Jg., 1808, 4., 5.,
9. und 10. Stück; Erstdruck: Berlin (Reimer) 1810. Uraufführung am
17.3.1810 in Wien.

Neuausgabe mit einer Biographie des Autors
Herausgegeben von Karl-Maria Guth
Berlin 2016

Der Text dieser Ausgabe folgt:
Heinrich von Kleist: Werke und Briefe in vier Bänden. Herausgegeben
von Siegfried Streller in Zusammenarbeit mit Peter Goldammer und
Wolfgang Barthel, Anita Golz, Rudolf Loch, Berlin und Weimar: Aufbau,
1978.

Die Paginierung obiger Ausgabe wird hier als Marginalie zeilengenau
mitgeführt.

Umschlaggestaltung von Thomas Schultz-Overhage unter Verwendung
des Bildes: John Everett Millais, Der Ritter, 1870

Gesetzt aus der Minion Pro, 11 pt

Verlag: Henricus - Edition Deutsche Klassik GmbH
Mörchinger Str. 33, 14169 Berlin, info@henricus-verlag.de
Druck: Libri Plureos GmbH, Friedensallee 273, 22763 Hamburg

Die Ausgaben der Sammlung Hofenberg basieren auf zuverlässigen
Textgrundlagen. Die Seitenkonkordanz zu anerkannten Studienausgaben
machen Hofenbergtexte auch in wissenschaftlichem Zusammenhang
zitierfähig.

ISBN 978-3-8619-9558-6

Bibliografische Information der Deutschen Nationalbibliothek

Die Deutsche Nationalbibliothek verzeichnet diese Publikation in der
Deutschen Nationalbibliografie; detaillierte bibliografische Daten sind
im Internet über www.dnb.de abrufbar.

Personen

Der Kaiser.

Gebhardt, Erzbischof von Worms.

Friedrich Wetter, Graf vom Strahl.

Gräfin Helena, seine Mutter.

Eleonore, ihre Nichte.

Ritter Flammberg, des Grafen Vasall.

Gottschalk, sein Knecht.

Brigitte, Haushälterin im gräflichen Schloß.

Kunigunde von Thurneck.

Rosalie, ihre Kammerzofe.

[Sybille, deren Stiefmutter].

Theobald Friedeborn, Waffenschmidt aus Heilbronn.

Käthchen, seine Tochter.

Gottfried Friedeborn, ihr Bräutigam.

Maximilian, Burggraf von Freiburg.

Georg von Waldstätten, sein Freund.

[Ritter Schauermann,
Ritter Wetzlaf, seine Vasallen].

Der Rheingraf vom Stein, Verlobter Kunigundens.

Friedrich von Herrnstadt,
Eginhardt von der Wart, seine Freunde.

Graf Otto von der Flühe,
Wenzel von Nachtheim,
Hans von Bärenklau, Räte des Kaisers und Richter des heimlichen Gerichts.

123

Jakob Pech, ein Gastwirt.

Drei Herren von Thurneck.

Kunigundens alte Tanten.

Ein Köhlerjunge.

Ein Nachtwächter.

Mehrere Ritter.

Ein Herold, zwei Köhler, Bedienten, Boten, Häscher, Knechte und Volk.

Die Handlung spielt in Schwaben. 124

Erster Akt

Szene: Eine unterirdische Höhle, mit den Insignien des Femgerichts,
von einer Lampe erleuchtet.

Erster Auftritt

Graf Otto von der Flühe als Vorsitzer, Wenzel von Nachtheim, Hans
von Bärenklau als Beisassen, mehrere Grafen, Ritter und Herren,
sämtlich vermummt, Häscher mit Fackeln usw. –
Theobald Friedeborn, Bürger aus Heilbronn, als Kläger, Graf Wetter
vom Strahle als Beklagter, stehen vor den Schranken.

GRAF OTTO *steht auf.* Wir, Richter des hohen, heimlichen Gerichts,
die wir, die irdischen Schergen Gottes, Vorläufer der geflügelten
Heere, die er in seinen Wolken mustert, den Frevel aufsuchen, da,
wo er, in der Höhle der Brust, gleich einem Molche verkrochen, vom
Arm weltlicher Gerechtigkeit nicht aufgefunden werden kann: wir
rufen dich, Theobald Friedeborn, ehrsamer und vielbekannter Waffenschmidt aus Heilbronn auf, deine Klage anzubringen gegen
Friedrich, Graf Wetter vom Strahle; denn dort, auf den ersten Ruf
der heiligen Feme, von des Femherolds Hand dreimal, mit dem Griff
des Gerichtsschwerts, an die Tore seiner Burg, deinem Gesuch gemäß,
ist er erschienen, und fragt, was du willst? *Er setzt sich.*

THEOBALD FRIEDEBORN. Ihr hohen, heiligen und geheimnisvollen
Herren! Hätte er, auf den ich klage, sich bei mir ausrüsten lassen –
setzet in Silber, von Kopf bis zu Fuß, oder in schwarzen Stahl,
Schienen, Schnallen und Ringe von Gold; und hätte nachher, wenn
ich gesprochen: Herr, bezahlt mich! geantwortet: Theobald! Was
willst du? Ich bin dir nichts schuldig; oder wäre er vor die Schranken
meiner Obrigkeit getreten, und hätte meine Ehre, mit der Zunge der
Schlangen – oder wäre er aus dem Dunkel mitternächtlicher Wälder
herausgebrochen und hätte mein Leben, mit Schwert und Dolch,
angegriffen: so wahr mir Gott helfe! ich glaube, ich hätte nicht vor
euch geklagt. Ich erlitt, in dreiundfunfzig Jahren, da ich lebe, so viel
Unrecht, daß meiner Seele Gefühl nun gegen seinen Stachel wie ge-
panzert ist; und während ich Waffen schmiede, für andere, die die
Mücken stechen, sag ich selbst zum Skorpion: fort mit dir! und laß

ihn fahren. Friedrich, Graf Wetter vom Strahl, hat mir mein Kind verführt, meine Katharine. Nehmt ihn, ihr irdischen Schergen Gottes, und überliefert ihn allen geharnischten Scharen, die an den Pforten der Hölle stehen und ihre glutroten Spieße schwenken: ich klage ihn schändlicher Zauberei, aller Künste der schwarzen Nacht und der Verbrüderung mit dem Satan an!

GRAF OTTO. Meister Theobald von Heilbronn! Erwäge wohl, was du sagst. Du bringst vor, der Graf vom Strahl, uns vielfältig und von guter Hand bekannt, habe dir dein Kind verführt. Du klagst ihn, hoff ich, der Zauberei nicht an, weil er deines Kindes *Herz* von dir abwendig gemacht? Weil er ein Mädchen, voll rascher Einbildungen, mit einer Frage, wer sie sei? oder wohl gar mit dem bloßen Schein seiner roten Wangen, unter dem Helmsturz hervorglühend, oder mit irgendeiner andern Kunst des hellen Mittags, ausgeübt auf jedem Jahrmarkt, für sich gewonnen hat?

THEOBALD. Es ist wahr, ihr Herren, ich sah ihn nicht zur Nachtzeit, an Mooren und schilfreichen Gestaden, oder wo sonst des Menschen Fuß selten erscheint, umherwandeln und mit den Irrlichtern Verkehr treiben. Ich fand ihn nicht auf den Spitzen der Gebirge, den Zauberstab in der Hand, das unsichtbare Reich der Luft abmessen, oder in unterirdischen Höhlen, die kein Strahl erhellt, Beschwörungsformeln aus dem Staub heraufmurmeln. Ich sah den Satan und die Scharen, deren Verbrüderten ich ihn nannte, mit Hörnern, Schwänzen und Klauen, wie sie zu Heilbronn, über dem Altar abgebildet sind, an seiner Seite nicht. Wenn ihr mich gleichwohl reden lassen wollt, so denke ich es durch eine schlichte Erzählung dessen, was sich zugetragen, dahin zu bringen, daß ihr aufbrecht, und ruft: unsrer sind dreizehn und der vierzehnte ist der Teufel! zu den Türen rennt und den Wald, der diese Höhle umgibt, auf dreihundert Schritte im Umkreis, mit euren Taftmänteln und Federhüten besäet.

GRAF OTTO. Nun, du alter, wilder Kläger! so rede!

THEOBALD. Zuvörderst müßt ihr wissen, ihr Herren, daß mein Käthchen Ostern, die nun verflossen, funfzehn Jahre alt war; gesund an Leib und Seele, wie die ersten Menschen, die geboren worden sein mögen; ein Kind recht nach der Lust Gottes, das heraufging aus der Wüsten, am stillen Feierabend meines Lebens, wie ein gerader Rauch von Myrrhen und Wacholdern! Ein Wesen von zarterer, frommerer und lieberer Art müßt ihr euch nicht denken, und kämt ihr, auf Flügeln der Einbildung, zu den lieben, kleinen Engeln, die, mit hellen Augen, aus den Wolken, unter Gottes Händen und Füßen hervorgucken. Ging sie in ihrem bürgerlichen Schmuck über die Straße, den Strohhut auf, von gelbem Lack erglänzend, das schwarzsamtene Leibchen, das ihre Brust umschloß, mit feinen Silberkettlein behängt: so lief es flüsternd von allen Fenstern herab: das ist das Käthchen von Heilbronn; das Käthchen von Heilbronn, ihr Herren, als ob der Himmel von Schwaben sie erzeugt, und von seinem Kuß geschwängert, die Stadt, die unter ihm liegt, sie geboren hätte. Vettern und Basen, mit welchen die Verwandtschaft, seit drei Menschengeschlechtern, vergessen worden war, nannten sie, auf Kindtaufen und Hochzeiten, ihr liebes Mühmchen, ihr liebes Bäschen; der ganze Markt, auf dem wir wohnten, erschien an ihrem Namenstage, und bedrängte sich und wetteiferte, sie zu beschenken; wer sie nur einmal, gesehen und einen Gruß im Vorübergehen von ihr empfangen hatte, schloß sie acht folgende Tage lang, als ob sie ihn gebessert hätte, in sein Gebet ein. Eigentümerin eines Landguts, das ihr der Großvater, mit Ausschluß meiner, als einem Goldkinde, dem er sich liebreich bezeigen wollte, vermacht hatte, war sie schon unabhängig von mir, eine der wohlhabendsten Bürgerinnen der Stadt. Fünf Söhne wackerer Bürger, bis in den Tod von ihrem Werte gerührt, hatten nun schon um sie angehalten; die Ritter, die durch die Stadt zogen, weinten, daß sie kein Fräulein war; ach, und wäre sie eines gewesen, das Morgenland wäre aufgebrochen, und hätte Perlen und Edelgesteine, von Mohren getragen, zu ihren Füßen gelegt. Aber sowohl ihre, als meine Seele, bewahrte der Himmel vor Stolz; und weil Gottfried Friedeborn, der junge Landmann, dessen Güter das ihrige umgrenzen, sie zum Weibe begehrte, und sie auf meine Frage: Katharine, willt du ihn? antwortete: Vater! Dein Wille sei meiner; so sagte ich: der Herr segne euch! und weinte und jauchzte, und beschloß, Ostern, die kommen, sie nun zur Kirche zu bringen. – So war sie, ihr Herren, bevor sie mir dieser entführte.

GRAF OTTO. Nun? Und wodurch entführte er sie dir? Durch welche Mittel hat er sie dir und dem Pfade, auf welchen du sie geführt hattest, wieder entrissen?

THEOBALD. Durch welche Mittel? – Ihr Herren, wenn ich das sagen könnte, so begriffen es diese fünf Sinne, und so ständ ich nicht vor euch und klagte auf alle, mir unbegreiflichen, Greuel der Hölle. Was soll ich vorbringen, wenn ihr mich fragt, durch welche Mittel? Hat er sie am Brunnen getroffen, wenn sie Wasser schöpfte, und gesagt: Lieb Mädel, wer bist du? hat er sich an den Pfeiler gestellt, wenn sie aus der Mette kam, und gefragt: Lieb Mädel, wo wohnst du? hat er sich, bei nächtlicher Weile, an ihr Fenster geschlichen, und, indem er ihr einen Halsschmuck umgehängt, gesagt: Lieb Mädel, wo ruhst du? Ihr hochheiligen Herren, damit war sie nicht zu gewinnen! Den Judaskuß erriet unser Heiland nicht rascher, als sie solche Künste. Nicht mit Augen, seit sie geboren ward, hat sie ihn gesehen; ihren Rücken, und das Mal darauf, das sie von ihrer seligen Mutter erbte, kannte sie besser, als ihn. *Er weint.*

GRAF OTTO *nach einer Pause.* Und gleichwohl, wenn er sie verführt hat, du wunderlicher Alter, so muß es wann und irgendwo geschehen sein?

THEOBALD. Heiligen Abend vor Pfingsten, da er auf fünf Minuten in meine Werkstatt kam, um sich, wie er sagte, eine Eisenschiene, die ihm zwischen Schulter und Brust losgegangen war, wieder zusammenheften zu lassen.

WENZEL. Was!

HANS. Am hellen Mittag?

WENZEL. Da er auf fünf Minuten in deine Werkstatt kam, um sich eine Brustschiene anheften zu lassen?

Pause.

GRAF OTTO. Fasse dich, Alter, und erzähle den Hergang.

THEOBALD *indem er sich die Augen trocknet.* Es mochte ohngefähr eilf Uhr morgens sein, als er, mit einem Troß Reisiger, vor mein Haus sprengte, rasselnd, der Erzgepanzerte, vom Pferd stieg, und in meine Werkstatt trat: das Haupt tief herab neigt' er, um mit den Reiherbüschen, die ihm vom Helm niederwankten, durch die Tür zu kommen. Meister, schau her, spricht er: dem Pfalzgrafen, der eure Wälle niederreißen will, zieh ich entgegen; die Lust, ihn zu treffen, sprengt mir die Schienen; nimm Eisen und Draht, ohne daß ich mich zu entkleiden brauche, und heft sie mir wieder zusammen. Herr! sag ich: wenn Euch die Brust so die Rüstung zerschmeißt, so läßt der Pfalzgraf unsere Wälle ganz; nötig ihn auf einen Sessel, in des Zimmers Mitte nieder, und: Wein! ruf ich in die Türe, und vom frischgeräucherten Schinken, zum Imbiß! und setz einen Schemel, mit

Werkzeugen versehn, vor ihn, um ihm die Schiene wiederherzustellen. Und während draußen noch der Streithengst wiehert, und, mit den Pferden der Knechte, den Grund zerstampft, daß der Staub, als wär ein Cherub vom Himmel niedergefahren, emporquoll: öffnet langsam, ein großes, flaches Silbergeschirr auf dem Kopf tragend, auf welchem Flaschen, Gläser und der Imbiß gestellt waren, das Mädchen die Türe und tritt ein. Nun seht, wenn mir Gott der Herr aus Wolken erschiene, so würd ich mich ohngefähr so fassen, wie sie. Geschirr und Becher und Imbiß, da sie den Ritter erblickt, läßt sie fallen; und leichenbleich, mit Händen, wie zur Anbetung verschränkt, den Boden mit Brust und Scheiteln küssend, stürzt sie vor ihm nieder, als ob sie ein Blitz niedergeschmettert hätte! Und da ich sage: Herr meines Lebens! Was fehlt dem Kind? und sie aufhebe: schlingt sie, wie ein Taschenmesser zusammenfallend, den Arm um mich, das Antlitz flammend auf ihn gerichtet, als ob sie eine Erscheinung hätte. Der Graf vom Strahl, indem er ihre Hand nimmt, fragt: wes ist das Kind? Gesellen und Mägde strömen herbei und jammern: hilf Himmel! Was ist dem Jüngferlein widerfahren; doch da sie sich, mit einigen schüchternen Blicken auf sein Antlitz, erholt, so denk ich, der Anfall ist wohl auch vorüber, und gehe, mit Pfriemen und Nadeln, an mein Geschäft. Drauf sag ich: Wohlauf, Herr Ritter! Nun mögt Ihr den Pfalzgrafen treffen; die Schiene ist eingerenkt, das Herz wird sie Euch nicht mehr zersprengen. Der Graf steht auf; er schaut das Mädchen, das ihm bis an die Brusthöhle ragt, vom Wirbel zur Sohle, gedankenvoll an, und beugt sich, und küßt ihr die Stirn und spricht: der Herr segne dich, und behüte dich, und schenke dir seinen Frieden, amen! Und da wir an das Fenster treten: schmeißt sich das Mädchen, in dem Augenblick, da er den Streithengst besteigt, dreißig Fuß hoch, mit aufgehobenen Händen, auf das Pflaster der Straße nieder: gleich einer Verlorenen, die ihrer fünf Sinne beraubt ist! Und bricht sich beide Lenden, ihr heiligen Herren, beide zarten Lendchen, dicht über des Knierunds elfenbeinernem Bau; und ich, alter, bejammernswürdiger Narr, der mein versinkendes Leben auf sie stützen wollte, muß sie, auf meinen Schultern, wie zu Grabe tragen; indessen er dort, den Gott verdamme! zu Pferd, unter dem Volk, das herbeiströmt, herüberruft von hinten, was vorgefallen sei! – Hier liegt sie nun, auf dem Todbett, in der Glut des hitzigen Fiebers, sechs endlose Wochen, ohne sich zu regen. Keinen Laut bringt sie hervor; auch nicht der

Wahnsinn, dieser Dietrich aller Herzen, eröffnet das ihrige; kein Mensch vermag das Geheimnis, das in ihr waltet, ihr zu entlocken. Und prüft, da sie sich ein wenig erholt hat, den Schritt, und schnürt ihr Bündel, und tritt, beim Strahl der Morgensonne, in die Tür: wohin? fragt sie die Magd; zum Grafen Wetter vom Strahl, antwortet sie, und verschwindet.

WENZEL. Es ist nicht möglich!

HANS. Verschwindet?

WENZEL. Und läßt alles hinter sich zurück?

HANS. Eigentum, Heimat und den Bräutigam, dem sie verlobt war?

WENZEL. Und begehrt auch deines Segens nicht einmal?

THEOBALD. Verschwindet, ihr Herren – Verläßt mich und alles, woran Pflicht, Gewohnheit und Natur sie knüpften – Küßt mir die Augen, die schlummernden, und verschwindet; ich wollte, sie hätte sie mir zugedrückt.

WENZEL. Beim Himmel! Ein seltsamer Vorfall. –

THEOBALD. Seit jenem Tage folgt sie ihm nun, gleich einer Metze, in blinder Ergebung, von Ort zu Ort; geführt am Strahl seines Angesichts, fünfdrähtig, wie einen Tau, um ihre Seele gelegt; auf nackten, jedem Kiesel ausgesetzten, Füßen, das kurze Röckchen, das ihre Hüfte deckt, im Winde flatternd, nichts als den Strohhut auf, sie gegen der Sonne Stich, oder den Grimm empörter Witterung zu schützen. Wohin sein Fuß, im Lauf seiner Abenteuer, sich wendet: durch den Dampf der Klüfte, durch die Wüste, die der Mittag versengt, durch die Nacht verwachsener Wälder: wie ein Hund, der von seines Herren Schweiß gekostet, schreitet sie hinter ihm her; und die gewohnt war, auf weichen Kissen zu ruhen, und das Knötlein spürte, in des Bettuchs Faden, das ihre Hand unachtsam darin eingesponnen hatte: die liegt jetzt, einer Magd gleich, in seinen Ställen, und sinkt, wenn die Nacht kömmt, ermüdet auf die Streu nieder, die seinen stolzen Rossen untergeworfen wird.

GRAF OTTO. Graf Wetter vom Strahl! Ist dies gegründet?

DER GRAF VOM STRAHL. Wahr ist's, ihr Herren; sie geht auf der Spur, die hinter mir zurückbleibt. Wenn ich mich umsehe, erblick ich zwei Dinge: meinen Schatten und sie.

GRAF OTTO. Und wie erklärt Ihr Euch diesen sonderbaren Umstand?

DER GRAF VOM STRAHL. Ihr unbekannten Herren der Feme! Wenn der Teufel sein Spiel mit ihr treibt, so braucht er mich dabei, wie

131

der Affe die Pfoten der Katze; ein Schelm will ich sein, holt er den Nußkern für mich. Wollt ihr meinem Wort schlechthin, wie's die Heilige Schrift vorschreibt, glauben: ja, ja, nein, nein; gut! Wo nicht, so will ich nach Worms, und den Kaiser bitten, daß er den Theobald ordiniere. Hier werf ich ihm vorläufig meinen Handschuh hin!

GRAF OTTO. Ihr sollt hier Rede stehn, auf unsre Frage! Womit rechtfertigt Ihr, daß sie unter Eurem Dache schläft? Sie, die in das Haus hingehört, wo sie geboren und erzogen ward?

DER GRAF VOM STRAHL. Ich war, es mögen ohngefähr zwölf Wochen sein, auf einer Reise, die mich nach Straßburg führte, ermüdet, in der Mittagshitze, an einer Felswand, eingeschlafen – nicht im Traum gedacht ich des Mädchens mehr, das in Heilbronn aus dem Fenster gestürzt war – da liegt sie mir, wie ich erwache, gleich einer Rose, entschlummert zu Füßen; als ob sie vom Himmel herabgeschneit wäre! Und da ich zu den Knechten, die im Grase herumliegen, sage: Ei, was der Teufel! Das ist ja das Käthchen von Heilbronn! schlägt sie die Augen auf, und bindet sich das Hütlein zusammen, das ihr schlafend vom Haupt herabgerutscht war. Katharine! ruf ich: Mädel! Wo kömmst auch her? Auf funfzehn Meilen von Heilbronn, fernab am Gestade des Rheins? »Hab ein Geschäft, gestrenger Herr«, antwortet sie, »das mich gen Straßburg führt; schauert mich im Wald so einsam zu wandern, und schlug mich zu Euch.« Drauf laß ich ihr zur Erfrischung reichen, was mir Gottschalk, der Knecht, mit sich führt, und erkundige mich: wie der Sturz abgelaufen? auch, was der Vater macht? Und was sie in Straßburg zu erschaffen denke? Doch da sie nicht freiherzig mit der Sprache herausrückt: was auch geht's dich an, denk ich; ding ihr einen Boten, der sie durch den Wald führe, schwing mich auf den Rappen, und reite ab. Abends, in der Herberg, an der Straßburger Straß, will ich mich eben zur Ruh niederlegen: da kommt Gottschalk, der Knecht, und spricht: das Mädchen sei unten und begehre in meinen Ställen zu übernachten. Bei den Pferden? frag ich. Ich sage: wenn's ihr weich genug ist, mich wird's nicht drücken. Und füge noch, indem ich mich im Bett wende, hinzu: magst ihr wohl eine Streu unterlegen, Gottschalk, und sorgen, daß ihr nichts widerfahre. Drauf, wandert sie, kommenden Tages früher aufgebrochen, als ich, wieder auf der Heerstraße, und lagert sich wieder in meinen Ställen, und lagert sich Nacht für Nacht, so wie mir der Streifzug fortschreitet, darin, als ob sie zu meinem Troß gehörte. Nun litt ich das, ihr Herren, um jenes grauen, unwirschen Alten willen, der mich jetzt darum straft; denn der Gottschalk, in seiner Wunderlichkeit, hatte das Mädchen liebgewonnen, und pflegte ihrer, in der Tat, als seiner Tochter; führt dich die Reise einst, dacht ich, durch Heilbronn, so wird der Alte dir's danken. Doch da sie sich auch in Straßburg, in der erzbischöflichen Burg, wieder bei mir einfindet, und ich gleichwohl spüre, daß sie nichts im Orte erschafft: denn mir hatte sie sich ganz und gar geweiht, und wusch und flickte, als ob es sonst am Rhein nicht zu haben wäre: so trete ich eines Tages, da ich sie auf der Stallschwelle finde, zu ihr und frage: was für ein Geschäft sie in Straßburg betreibe? Ei, spricht sie, gestrenger Herr, und eine Röte, daß ich denke, ihre Schürze wird angehen, flammt über ihr Antlitz empor: »was fragt Ihr doch? Ihr wißt's ja!« 133 – Holla! denk ich, steht es so mit dir? und sende einen Boten flugs nach Heilbronn, dem Vater zu, mit folgender Meldung: das Käthchen sei bei mir; ich hütete seiner; in kurzem könne er es, vom Schlosse zu Strahl, wohin ich es zurückbringen würde, abholen.

GRAF OTTO. Nun? Und hierauf?

WENZEL. Der Alte holte die Jungfrau nicht ab?

DER GRAF VOM STRAHL. Drauf, da er am zwanzigsten Tage, um sie abzuholen, bei mir erscheint, und ich ihn in meiner Väter Saal führe: erschau ich mit Befremden, daß er, beim Eintritt in die Tür, die Hand in den Weihkessel steckt, und mich mit dem Wasser, das darin befindlich ist, besprengt. Ich arglos, wie ich von Natur bin, nöt'ge ihn auf einen Stuhl nieder; erzähle ihm, mit Offenherzigkeit, alles, was vorgefallen; eröffne ihm auch, in meiner Teilnahme, die Mittel, wie er die Sache, seinen Wünschen gemäß, wieder ins Geleis rücken könne; und tröste ihn und führ ihn, um ihm das Mädchen zu übergeben, in den Stall hinunter, wo sie steht, und mir eine Waffe von Rost säubert. Sowie er in die Tür tritt, und die Arme mit tränenvollen Augen öffnet, sie zu empfangen, stürzt mir das Mädchen leichenbleich zu Füßen, alle Heiligen anrufend, daß ich sie vor ihm schütze. Gleich einer Salzsäule steht er, bei diesem Anblick, da; und ehe ich mich noch gefaßt habe, spricht er schon, das entsetzensvolle Antlitz auf mich gerichtet: das ist der leibhaftige Satan! und schmeißt mir den Hut, den er in der Hand hält, ins Gesicht, als wollt er ein Greuelbild verschwinden machen, und läuft, als setzte die ganze Hölle ihm nach, nach Heilbronn zurück.

GRAF OTTO. Du wunderlicher Alter! Was hast du für Einbildungen?

WENZEL. Was war in dem Verfahren des Ritters, das Tadel verdient? Kann er dafür, wenn sich das Herz deines törichten Mädchens ihm zuwendet?

HANS. Was ist in diesem ganzen Vorfall, das ihn anklagt?

THEOBALD. Was ihn anklagt? O du – Mensch, entsetzlicher, als Worte fassen, und der Gedanke ermißt: stehst du nicht rein da, als hätten die Cherubim sich entkleidet, und ihren Glanz dir, funkelnd wie Mailicht, um die Seele gelegt! – Mußt ich vor dem Menschen nicht erbeben, der die Natur, in dem reinsten Herzen, das je geschaffen ward, dergestalt umgekehrt hat, daß sie vor dem Vater, zu ihr gekommen, seiner Liebe Brust ihren Lippen zu reichen, kreideweißen Antlitzes entweicht, wie vor dem Wolfe, der sie zerreißen will? Nun denn, so walte, Hekate, Fürstin des Zaubers, moorduftige Königin der Nacht! Sproßt, ihr dämonischen Kräfte, die die menschliche Satzung sonst auszujäten bemüht war, blüht auf, unter dem Atem der Hexen, und schoßt zu Wäldern empor, daß die Wipfel sich zerschlagen, und die Pflanze des Himmels, die am Boden keimt, verwese; rinnt, ihr Säfte der Hölle, tröpfelnd aus Stämmen und Stielen gezogen, fallt, wie ein Katarakt, ins Land, daß der erstickende Pestqualm zu den Wolken empordampft; fließt und ergießt euch durch alle Röhren des Lebens, und schwemmt, in allgemeiner Sündflut, Unschuld und Tugend hinweg!

GRAF OTTO. Hat er ihr Gift eingeflößt?

WENZEL. Meinst du, daß er ihr verzauberte Tränke gereicht?

HANS. Opiate, die des Menschen Herz, der sie genießt, mit geheimnisvoller Gewalt umstricken?

THEOBALD. Gift? Opiate? Ihr hohen Herren, was fragt ihr *mich*? Ich habe die Flaschen nicht gepfropft, von welchen er ihr, an der Wand des Felsens, zur Erfrischung reichte; ich stand nicht dabei, als sie in der Herberge, Nacht für Nacht, in seinen Ställen schlief. Wie soll ich wissen, ob er ihr Gift eingeflößt? habt neun Monate Geduld; alsdann sollt ihr sehen, wie's ihrem jungen Leibe bekommen ist.

DER GRAF VOM STRAHL. Der alte Esel, der! Dem entgegn ich nichts, als meinen Namen! Ruft sie herein; und wenn sie ein Wort sagt, auch nur von fern duftend, wie diese Gedanken, so nennt mich den Grafen von der stinkenden Pfütze, oder wie es sonst eurem gerechten Unwillen beliebt.

Zweiter Auftritt

Käthchen mit verbundenen Augen, geführt von zwei Häschern. –
Die Häscher nehmen ihr das Tuch ab, und gehen wieder fort. – Die
Vorigen.

KÄTHCHEN *sieht sich in der Versammlung um, und beugt, da sie den*
Grafen erblickt, ein Knie vor ihm.
Mein hoher Herr!
DER GRAF VOM STRAHL.
Was willst du?
KÄTHCHEN.
Vor meinen Richter hat man mich gerufen.
DER GRAF VOM STRAHL.
Dein Richter bin nicht *ich.* Steh auf, dort sitzt er;
Hier steh ich, ein Verklagter, so wie du.
KÄTHCHEN.
Mein hoher Herr! Du spottest.
DER GRAF VOM STRAHL.
Nein! Du hörst!
Was neigst du mir dein Angesicht in Staub?
Ein Zaubrer bin ich, und gestand es schon,
Und laß, aus jedem Band, das ich dir wirkte,
Jetzt deine junge Seele los.

Er erhebt sie.

GRAF OTTO.
Hier Jungfrau, wenn's beliebt; hier ist die Schranke!
HANS.
Hier sitzen deine Richter!
KÄTHCHEN *sieht sich um.*
Ihr versucht mich.
WENZEL.
Hier tritt heran! Hier sollst du Rede stehn.
KÄTHCHEN *stellt sich neben den Grafen vom Strahl, und sieht die*
Richter an.
GRAF OTTO.
Nun?

WENZEL.

Wird's?

HANS.

Wirst du gefällig dich bemühn?

GRAF OTTO.

Wirst dem Gebot dich deiner Richter fügen?

KÄTHCHEN *für sich.*

Sie rufen mich.

WENZEL.

Nun, ja!

HANS.

Was sagte sie?

GRAF OTTO *befremdet.*

Ihr Herrn, was fehlt dem sonderbaren Wesen?

Sie sehen sich an.

KÄTHCHEN *für sich.*

Vermummt von Kopf zu Füßen sitzen sie,
Wie das Gericht, am Jüngsten Tage, da!

DER GRAF VOM STRAHL *sie aufweckend.*

Du wunderliche Maid! Was träumst, was treibst du?
Du stehst hier vor dem heimlichen Gericht!
Auf jene böse Kunst bin ich verklagt,
Mit der ich mir, du weißt, dein Herz gewann,
Geh hin, und melde jetzo, was geschehn!

KÄTHCHEN *sieht ihn an und legt ihre Hände auf die Brust.*

– Du quälst mich grausam, daß ich weinen möchte!
Belehre deine Magd, mein edler Herr,
Wie soll ich mich in diesem Falle fassen?

GRAF OTTO *ungeduldig.*

Belehren – was!

HANS.

Bei Gott! Ist es erhört?

DER GRAF VOM STRAHL *mit noch milder Strenge.*

Du sollst sogleich vor jene Schranke treten,
Und Rede stehn, auf was man fragen wird!

KÄTHCHEN.

Nein, sprich! Du bist verklagt?

15

DER GRAF VOM STRAHL.

Du hörst.

KÄTHCHEN.

Und jene Männer dort sind deine Richter?

DER GRAF VOM STRAHL.

So ist's.

KÄTHCHEN *zur Schranke tretend.*

Ihr würd'gen Herrn, wer ihr auch sein mögt dort,
Steht gleich vom Richtstuhl auf und räumt ihn diesem!
Denn, beim lebend'gen Gott, ich sag es euch,
Rein, wie sein Harnisch ist sein Herz, und eures
Verglichen ihm, und meins, wie eure Mäntel.
Wenn hier gesündigt ward, ist *er* der Richter,
Und ihr sollt zitternd vor der Schranke stehn!

GRAF OTTO.

Du, Närrin, jüngst der Nabelschnur entlaufen,
Woher kommt die prophet'sche Kunde dir?
Welch ein Apostel hat dir das vertraut?

THEOBALD.

Seht die Unselige!

KÄTHCHEN *da sie den Vater erblickt, auf ihn zugehend.*

Mein teurer Vater!

Sie will seine Hand ergreifen.

THEOBALD *streng.*

Dort ist der Ort jetzt, wo du hingehörst!

KÄTHCHEN.

Weis mich nicht von dir.

Sie faßt seine Hand und küßt sie.

THEOBALD.

– Kennst du das Haar noch wieder,
Das deine Flucht mir jüngsthin grau gefärbt?

KÄTHCHEN.

Kein Tag verging, daß ich nicht einmal dachte,
Wie seine Locken fallen. Sei geduldig,
Und gib dich nicht unmäß'gem Grame preis:
Wenn Freude Locken wieder dunkeln kann,

So sollst du wieder wie ein Jüngling blühn.

GRAF OTTO.

Ihr Häscher dort! ergreift sie! bringt sie her!

THEOBALD.

Geh hin, wo man dich ruft.

KÄTHCHEN *zu den Richtern, da sich ihr die Häscher nähern.*

Was wollt ihr mir?

WENZEL.

Saht ihr ein Kind, so störrig je, als dies?

GRAF OTTO *da sie vor der Schranke steht.*

Du sollst hier Antwort geben, kurz und bündig,
Auf unsre Fragen! Denn wir, von unserem
Gewissen eingesetzt, sind deine Richter,
Und an der Strafe, wenn du freveltest,
Wird's deine übermüt'ge Seele fühlen.

KÄTHCHEN.

Sprecht, ihr verehrten Herrn; was wollt ihr wissen?

GRAF OTTO.

Warum, als Friedrich Graf vom Strahl erschien,
In deines Vaters Haus, bist du zu Füßen,
Wie man vor Gott tut, nieder ihm gestürzt?
Warum warfst du, als er von dannen ritt,
Dich aus dem Fenster sinnlos auf die Straße,
Und folgtest ihm, da kaum dein Bein vernarbt,
Von Ort zu Ort, durch Nacht und Graus und Nebel,
Wohin sein Roß den Fußtritt wendete?

KÄTHCHEN *hochrot zum Grafen.*

Das soll ich hier vor diesen Männern sagen?

DER GRAF VOM STRAHL.

Die Närrin, die verwünschte, sinnverwirrte,
Was fragt sie *mich*? Ist's nicht an jener Männer
Gebot, die Sache darzutun, genug?

KÄTHCHEN *in Staub niederfallend.*

Nimm mir, o Herr, das Leben, wenn ich fehlte!
Was in des Busens stillem Reich geschehn,
Und Gott nicht straft, das braucht kein Mensch zu wissen;
Den nenn ich grausam, der mich darum fragt!
Wenn *du* es wissen willst, wohlan, so rede,

138

Denn dir liegt meine Seele offen da!
HANS.
　　Ward, seit die Welt steht, so etwas erlebt?
WENZEL.
　　Im Staub liegt sie vor ihm –
HANS.
　　Gestürzt auf Knieen –
WENZEL.
　　Wie wir vor dem Erlöser hingestreckt!
DER GRAF VOM STRAHL *zu den Richtern.*
　　Ihr würd'gen Herrn, ihr rechnet hoff ich, mir
　　Nicht dieses Mädchens Torheit an! Daß sie
　　Ein Wahn betört, ist klar, wenn euer Sinn
　　Auch gleich, wie meiner, noch nicht einsieht, welcher?
　　Erlaubt ihr mir, so frag ich sie darum:
　　Ihr mögt, aus meinen Wendungen entnehmen,
　　Ob meine Seele schuldig ist, ob nicht?
GRAF OTTO *ihn forschend ansehend.*
　　Es sei! Versucht's einmal, Herr Graf, und fragt sie.
DER GRAF VOM STRAHL *wendet sich zu Käthchen, die noch immer
　　auf Knien liegt.*
　　Willt den geheimsten der Gedanken mir,
　　Kathrina, der dir irgend, faß mich wohl,
　　Im Winkel wo des Herzens schlummert, geben?
KÄTHCHEN.
　　Das ganze Herz, o Herr, dir, willt du es,
　　So bist du sicher dess' was darin wohnt.
DER GRAF VOM STRAHL.
　　Was ist's, mit einem Wort, mir rund gesagt,
　　Das dich aus deines Vaters Hause trieb?
　　Was fesselt dich an meine Schritte an?
KÄTHCHEN.
　　Mein hoher Herr! Da fragst du mich zuviel.
　　Und läg ich so, wie ich vor dir jetzt liege,
　　Vor meinem eigenen Bewußtsein da:
　　Auf einem goldnen Richtstuhl laß es thronen,
　　Und alle Schrecken des Gewissens ihm,
　　In Flammenrüstungen, zur Seite stehn;

So spräche jeglicher Gedanke noch,
Auf das, was du gefragt: ich weiß es nicht.
DER GRAF VOM STRAHL.
Du lügst mir, Jungfrau? Willst mein Wissen täuschen?
Mir, der doch das Gefühl dir ganz umstrickt;
Mir, dessen Blick du daliegst, wie die Rose,
Die ihren jungen Kelch dem Licht erschloß? –
Was hab ich dir einmal, du weißt, getan?
Was ist an Leib und Seel dir widerfahren?
KÄTHCHEN.
Wo?
DER GRAF VOM STRAHL.
Da oder dort.
KÄTHCHEN.
Wann?
DER GRAF VOM STRAHL.
Jüngst oder früherhin.
KÄTHCHEN.
Hilf mir, mein hoher Herr.
DER GRAF VOM STRAHL.
Ja, ich dir helfen,
Du wunderliches Ding. –

Er hält inne.

Besinnst du dich auf nichts?
KÄTHCHEN *sieht vor sich nieder.*
DER GRAF VOM STRAHL.
Was für ein Ort, wo du mich je gesehen,
Ist dir im Geist, vor andern, gegenwärtig.
KÄTHCHEN.
Der Rhein ist mir vor allen gegenwärtig.
DER GRAF VOM STRAHL.
Ganz recht. Da eben war's. Das wollt ich wissen.
Der Felsen am Gestad des Rheins, wo wir
Zusammen ruhten, in der Mittagshitze.
– Und du gedenkst nicht, was dir da geschehn?
KÄTHCHEN.
Nein, mein verehrter Herr.

DER GRAF VOM STRAHL.

Nicht? Nicht?

– Was reicht ich deiner Lippe zur Erfrischung? 140

KÄTHCHEN.

Du sandtest, weil ich deines Weins verschmähte,
Den Gottschalk, deinen treuen Knecht, und ließest
Ihn einen Trunk mir, aus der Grotte schöpfen.

DER GRAF VOM STRAHL.

Ich aber nahm dich bei der Hand, und reichte
Sonst deiner Lippe – nicht? Was stockst du da?

KÄTHCHEN.

Wann?

DER GRAF VOM STRAHL.

Eben damals.

KÄTHCHEN.

Nein, mein hoher Herr.

DER GRAF VOM STRAHL.

Jedoch nachher.

KÄTHCHEN.

In Straßburg?

DER GRAF VOM STRAHL.

Oder früher.

KÄTHCHEN.

Du hast mich niemals bei der Hand genommen.

DER GRAF VOM STRAHL.

Kathrina!

KÄTHCHEN *errötend.*

Ach vergib mir; in Heilbronn!

DER GRAF VOM STRAHL.

Wann?

KÄTHCHEN.

Als der Vater dir am Harnisch wirkte.

DER GRAF VOM STRAHL.

Und sonst nicht?

KÄTHCHEN.

Nein, mein hoher Herr.

DER GRAF VOM STRAHL.

Kathrina!

KÄTHCHEN.

Mich bei der Hand?

DER GRAF VOM STRAHL.

Ja, oder sonst, was weiß ich.

KÄTHCHEN *besinnt sich.*

In Straßburg einst, erinnr ich mich, beim Kinn.

DER GRAF VOM STRAHL.

Wann?

KÄTHCHEN.

Als ich auf der Schwelle saß und weinte,
Und dir auf was du sprachst, nicht Rede stand.

DER GRAF VOM STRAHL.

Warum nicht standst du Red?

KÄTHCHEN.

Ich schämte mich.

DER GRAF VOM STRAHL.

141   Du schämtest dich? Ganz recht. Auf meinen Antrag.
Du wardst glutrot bis an den Hals hinab.
Welch einen Antrag macht ich dir?

KÄTHCHEN.

Der Vater,
Der würd, sprachst du, daheim im Schwabenland,
Um mich sich härmen, und befragtest mich,
Ob ich mit Pferden, die du senden wolltest,
Nicht nach Heilbronn zu ihm zurück begehrte?

DER GRAF VOM STRAHL *kalt.*

Davon ist nicht die Rede! – Nun, wo auch,
Wo hab ich sonst im Leben dich getroffen?
– Ich hab im Stall zuweilen dich besucht.

KÄTHCHEN.

Nein, mein verehrter Herr.

DER GRAF VOM STRAHL.

Nicht? Katharina!

KÄTHCHEN.

Du hast mich niemals in dem Stall besucht,
Und noch viel wen'ger rührtest du mich an.

DER GRAF VOM STRAHL.

Was! Niemals?

KÄTHCHEN.

Nein, mein hoher Herr.

DER GRAF VOM STRAHL.

Kathrina!

KÄTHCHEN *mit Affekt.*

Niemals, mein hochverehrter Herr, niemals.

DER GRAF VOM STRAHL.

Nun seht, bei meiner Treu, die Lügnerin!

KÄTHCHEN.

Ich will nicht selig sein, ich will verderben,
Wenn du mich je –!

DER GRAF VOM STRAHL *mit dem Schein der Heftigkeit.*

Da schwört sie und verflucht
Sich, die leichtfert'ge Dirne, noch und meint,
Gott werd es ihrem jungen Blut vergeben!
– Was ist geschehn, fünf Tag von hier, am Abend,
In meinem Stall, als es schon dunkelte,
Und ich den Gottschalk hieß, sich zu entfernen?

KÄTHCHEN.

Oh! Jesus! Ich bedacht es nicht! –
Im Stall zu Strahl, da hast du mich besucht.

DER GRAF VOM STRAHL.

Nun denn! Da ist's heraus! Da hat sie nun
Der Seelen Seligkeit sich weggeschworen!
Im Stall zu Strahl, da hab ich sie besucht!

KÄTHCHEN *weint.*

142

Pause.

GRAF OTTO.

Ihr quält das Kind zu sehr.

THEOBALD *nähert sich ihr gerührt.*

Komm, meine Tochter.

Er will sie an seine Brust haben.

KÄTHCHEN.

Laß, laß!

WENZEL.

Das nenn ich menschlich nicht verfahren.

GRAF OTTO.

Zuletzt ist nichts im Stall zu Strahl geschehen.

DER GRAF VOM STRAHL *sieht sie an.*

Bei Gott, ihr Herrn, wenn ihr des Glaubens seid:
Ich bin's! Befehlt, so gehn wir auseinander.

GRAF OTTO.

Ihr sollt das Kind befragen, ist die Meinung,
Nicht mit barbarischem Triumph verhöhnen.
Sei's, daß Natur Euch solche Macht verliehen:
Geübt wie Ihr's tut, ist sie hassenswürd'ger,
Als selbst die Höllenkunst, der man Euch zeiht.

DER GRAF VOM STRAHL *erbebt das Käthchen vom Boden.*

Ihr Herrn, was ich getan, das tat ich nur,
Sie mit Triumph hier vor euch zu erheben!
Statt meiner –

Auf den Boden hinzeigend.

steht mein Handschuh vor Gericht!
Glaubt ihr von Schuld sie rein, wie sie es ist,
Wohl, so erlaubt denn, daß sie sich entferne.

WENZEL.

Es scheint Ihr habt viel Gründe, das zu wünschen?

DER GRAF VOM STRAHL.

Ich? Gründ? Entscheidende! Ihr wollt sie, hoff ich,
Nicht mit barbar'schem Übermut verhöhnen?

WENZEL *mit Bedeutung.*

Wir wünschen doch, erlaubt Ihr's, noch zu hören,
Was in dem Stall damals zu Strahl geschehn.

DER GRAF VOM STRAHL.

Das wollt ihr Herrn noch –?

WENZEL.

143   Allerdings!

DER GRAF VOM STRAHL *glutrot, indem er sich zum Käthchen wendet.*

Knie nieder!

KÄTHCHEN *läßt sich auf Knien vor ihm nieder.*

GRAF OTTO.

Ihr seid sehr dreist, Herr Friedrich Graf vom Strahl!

DER GRAF VOM STRAHL *zum Käthchen.*

So! Recht! Mir gibst du Antwort und sonst keinem.

HANS.

Erlaubt! Wir werden sie –

DER GRAF VOM STRAHL *ebenso.*

Du rührst dich nicht!
Hier soll dich keiner richten, als nur der,
Dem deine Seele frei sich unterwirft.

WENZEL.

Herr Graf, man wird hier Mittel –

DER GRAF VOM STRAHL *mit unterdrückter Heftigkeit.*

Ich sage, nein!
Der Teufel soll mich holen, zwingt ihr sie! –
Was wollt ihr wissen, ihr verehrten Herrn?

HANS *auffahrend.*

Beim Himmel!

WENZEL.

Solch ein Trotz soll –!

HANS.

He! Die Häscher!

GRAF OTTO *halblaut.*

Laßt, Freunde, laßt! Vergeßt nicht, wer er ist.

ERSTER RICHTER.

Er hat nicht eben, drückt Verschuldung ihn,
Mit List sie überhört.

ZWEITER RICHTER.

Das sag ich auch!
Man kann ihm das Geschäft wohl überlassen.

GRAF OTTO *zum Grafen vom Strahl.*

Befragt sie, was geschehn, fünf Tag von hier,
Im Stall zu Strahl, als es schon dunkelte,
Und ihr den Gottschalk hießt, sich zu entfernen?

DER GRAF VOM STRAHL *zum Käthchen.*

Was ist geschehn, fünf Tag von hier, am Abend,
Im Stall zu Strahl, als es schon dunkelte,
Und ich den Gottschalk hieß, sich zu entfernen?

KÄTHCHEN.

Mein hoher Herr! Vergib mir, wenn ich fehlte;

144   Jetzt leg ich alles, Punkt für Punkt, dir dar.
DER GRAF VOM STRAHL.
    Gut. – – Da berühr ich dich und zwar – nicht? Freilich!
    Das schon gestandst du?
KÄTHCHEN.
    Ja, mein verehrter Herr.
DER GRAF VOM STRAHL.
    Nun?
KÄTHCHEN.
    Mein verehrter Herr?
DER GRAF VOM STRAHL.
    Was will ich wissen?
KÄTHCHEN.
    Was du willst wissen?
DER GRAF VOM STRAHL.
    Heraus damit! Was stockst du?
    Ich nahm, und herzte dich, und küßte dich,
    Und schlug den Arm dir –?
KÄTHCHEN.
    Nein, mein hoher Herr.
DER GRAF VOM STRAHL.
    Was sonst?
KÄTHCHEN.
    Du stießest mich mit Füßen von dir.
DER GRAF VOM STRAHL.
    Mit Füßen? Nein! Das tu ich keinem Hund.
    Warum? Weshalb? Was hattst du mir getan?
KÄTHCHEN.
    Weil ich dem Vater, der voll Huld und Güte,
    Gekommen war, mit Pferden, mich zu holen,
    Den Rücken, voller Schrecken, wendete,
    Und mit der Bitte, mich vor ihm zu schützen,
    Im Staub vor dir bewußtlos nieder sank.
DER GRAF VOM STRAHL.
    Da hätt ich dich mit Füßen weggestoßen?
KÄTHCHEN.
    Ja, mein verehrter Herr.

DER GRAF VOM STRAHL.

Ei, Possen, was!

Das war nur Schelmerei, des Vaters wegen.

Du bliebst doch nach wie vor im Schoß zu Strahl.

KÄTHCHEN.

Nein, mein verehrter Herr.

DER GRAF VOM STRAHL.

Nicht? Wo auch sonst?

KÄTHCHEN.

Als du die Peitsche, flammenden Gesichts,

Herab vom Riegel nahmst, ging ich hinaus,

Vor das bemooste Tor, und lagerte

Mich draußen, am zerfallnen Mauernring

Wo in süßduftenden Holunderbüschen

Ein Zeisig zwitschernd sich das Nest gebaut.

DER GRAF VOM STRAHL.

Hier aber jagt ich dich mit Hunden weg?

KÄTHCHEN.

Nein, mein verehrter Herr.

DER GRAF VOM STRAHL.

Und als du wuchst,

Verfolgt vom Hundgeklaff, von meiner Grenze,

Rief ich den Nachbar auf, dich zu verfolgen?

KÄTHCHEN.

Nein, mein verehrter Herr! Was sprichst du da?

DER GRAF VOM STRAHL.

Nicht? Nicht? – Das werden diese Herren tadeln.

KÄTHCHEN.

Du kümmerst dich um diese Herren nicht.

Du sandtest Gottschalk mir am dritten Tage,

Daß er mir sag: dein liebes Käthchen wär ich;

Vernünftig aber möcht ich sein, und gehn.

DER GRAF VOM STRAHL.

Und was entgegnetest du dem?

KÄTHCHEN.

Ich sagte,

Den Zeisig littest du, den zwitschernden,

In den süßduftenden Holunderbüschen:

Möchtst denn das Käthchen von Heilbronn auch leiden.

DER GRAF VOM STRAHL *erhebt das Käthchen.*

Nun dann, so nehmt sie hin, ihr Herrn der Feme,
Und macht mit ihr und mir jetzt, was ihr wollt.

Pause.

GRAF OTTO *unwillig.*

Der aberwitz'ge Träumer, unbekannt
Mit dem gemeinen Zauber der Natur! –
Wenn euer Urteil reif, wie meins, ihr Herrn,
Geh ich zum Schluß, und laß die Stimmen sammeln.

WENZEL.

Zum Schluß!

HANS.

Die Stimmen!

ALLE.

Sammelt sie!

EIN RICHTER.

Der Narr, der!
Der Fall ist klar. Es ist hier nichts zu richten.

GRAF OTTO.

Femherold nimm den Helm und sammle sie.

*Femherold sammelt die Kugeln und bringt den Helm, worin sie
liegen, dem Grafen.*

GRAF OTTO *steht auf.*

Herr Friedrich Wetter Graf vom Strahl, du bist
Einstimmig von der Feme losgesprochen,
Und dir dort, Theobald, dir geb ich auf,
Nicht fürder mit der Klage zu erscheinen,
Bis du kannst bessere Beweise bringen.

Zu den Richtern.

Steht auf, ihr Herrn! die Sitzung ist geschlossen.

DIE RICHTER *erheben sich.*

THEOBALD.

Ihr hochverehrten Herrn, ihr sprecht ihn schuldlos?
Gott sagt ihr, hat die Welt aus nichts gemacht;

Und er, der sie durch nichts und wieder nichts
Vernichtet, in das erste Chaos stürzt,
Der sollte nicht der leid'ge Satan sein?
GRAF OTTO.
Schweig, alter, grauer Tor! Wir sind nicht da,
Dir die verrückten Sinnen einzurenken.
Femhäscher, an dein Amt! Blend ihm die Augen,
Und führ ihn wieder auf das Feld hinaus.
THEOBALD.
Was! Auf das Feld? Mich hilflos greisen Alten?
Und dies mein einzig liebes Kind, –?
GRAF OTTO.
Herr Graf,
Das überläßt die Feme Euch! Ihr zeigtet
Von der Gewalt, die Ihr hier übt, so manche
Besondre Probe uns; laßt uns noch eine,
Die größeste, bevor wir scheiden, sehn,
Und gebt sie ihrem alten Vater wieder.
DER GRAF VOM STRAHL.
Ihr Herren, was ich tun kann, soll geschehn. –
Jungfrau!
KÄTHCHEN.
Mein hoher Herr!
DER GRAF VOM STRAHL.
Du liebst mich?
KÄTHCHEN.
Herzlich!
DER GRAF VOM STRAHL.
So tu mir was zu Lieb.
KÄTHCHEN.
Was willst du? Sprich.
DER GRAF VOM STRAHL.
Verfolg mich nicht. Geh nach Heilbronn zurück.
– Willst du das tun?
KÄTHCHEN.
Ich hab es dir versprochen.

Sie fällt in Ohnmacht.

THEOBALD *empfängt sie.*

Mein Kind! Mein Einziges! Hilf, Gott im Himmel!

DER GRAF VOM STRAHL *wendet sich.*

Dein Tuch her, Häscher!

Er verbindet sich die Augen.

THEOBALD.

O verflucht sei,
Mordschaunder Basiliskengeist! Mußt ich
Auch diese Probe deiner Kunst noch sehn?

GRAF OTTO *vom Richtstuhl herabsteigend.*

Was ist geschehn, ihr Herrn?

WENZEL.

Sie sank zu Boden.

Sie betrachten sie.

DER GRAF VOM STRAHL *zu den Häschern.*

Führt mich hinweg!

THEOBALD.

Der Hölle zu, du Satan!
Laß ihre schlangenhaar'gen Pförtner dich
An ihrem Eingang, Zauberer, ergreifen,
Und dich zehntausend Klafter tiefer noch,
Als ihre wildsten Flammen lodern, schleudern!

GRAF OTTO.

Schweig Alter, schweig!

THEOBALD *weint.*

Mein Kind! Mein Käthchen!

KÄTHCHEN.

Ach!

WENZEL *freudig.*

Sie schlägt die Augen auf!

HANS.

Sie wird sich fassen.

GRAF OTTO.

Bringt in des Pförtners Wohnung sie! Hinweg!

Alle ab.

Zweiter Akt

Szene: Wald vor der Höhle des heimlichen Gerichts.

Erster Auftritt

DER GRAF VOM STRAHL *tritt auf, mit verbundenen Augen, geführt von zwei Häschern, die ihm die Augen aufbinden, und alsdann in die Höhle zurückkehren – Er wirft sich auf den Boden nieder und weint.* Nun will ich hier, wie ein Schäfer liegen und klagen. Die Sonne scheint noch rötlich durch die Stämme, auf welchen die Wipfel des Waldes ruhn; und wenn ich, nach einer kurzen Viertelstunde, sobald sie hinter den Hügel gesunken ist, aufsitze, und mich im Blachfelde, wo der Weg eben ist, ein wenig daranhalte, so komme ich noch nach Schloß Wetterstrahl, ehe die Lichter darin erloschen sind. Ich will mir einbilden, meine Pferde dort unten, wo die Quelle rieselt, wären Schafe und Ziegen, die an dem Felsen kletterten, und an Gräsern und bittern Gesträuchen rissen; ein leichtes weißes linnenes Zeug bedeckte mich, mit roten Bändern zusammengebunden, und um mich her flatterte eine Schar muntrer Winde, um die Seufzer, die meiner, von Gram sehr gepreßten, Brust entquillen, gradaus zu der guten Götter Ohr emporzutragen. Wirklich und wahrhaftig! Ich will meine Muttersprache durchblättern, und das ganze, reiche Kapitel, das diese Überschrift führt: Empfindung, dergestalt plündern, daß kein Reimschmidt mehr, auf eine neue Art, soll sagen können: ich bin betrübt. Alles, was die Wehmut Rührendes hat, will ich aufbieten, Lust und in den Tod gehende Betrübnis sollen sich abwechseln, und meine Stimme, wie einen schönen Tänzer, durch alle Beugungen hindurchführen, die die Seele bezaubern; und wenn die Bäume nicht in der Tat bewegt werden, und ihren milden Tau, als ob es geregnet hätte, herabträufeln lassen, so sind sie von Holz, und alles, was uns die Dichter von ihnen sagen, ein bloßes liebliches Märchen. O du – – – wie nenn ich dich? Käthchen! Warum kann ich dich nicht mein nennen? Käthchen, Mädchen, Käthchen! Warum kann ich dich nicht mein nennen? Warum kann ich dich nicht aufheben, und in das duftende Himmelbett tragen, das mir die Mutter, daheim im Prunkgemach, aufgerichtet hat? Käthchen, Käthchen, Käthchen! Du, deren junge Seele, als sie heut nackt vor mir stand, von wollüstiger Schönheit gänzlich triefte, wie die mit Ölen gesalbte Braut eines Perserkönigs, wenn sie, auf alle Teppiche niederregnend, in sein Gemach geführt wird! Käthchen, Mädchen, Käthchen! Warum kann ich es nicht? Du Schönere, als ich singen kann, ich will eine eigene Kunst erfinden, und dich weinen. Alle Phiolen der Empfindung, himmlische und irdische, will ich eröffnen, und eine solche Mischung von Tränen, einen Erguß so eigentümlicher Art, so heilig zugleich und üppig, zusammenschütten, daß jeder Mensch gleich, an dessen Hals ich sie weine, sagen soll: sie fließen dem Käthchen von Heilbronn! – – – Ihr grauen, bärtigen Alten, was wollt ihr? Warum verlaßt ihr eure goldnen Rahmen, ihr Bilder meiner geharnischten Väter, die meinen Rüstsaal bevölkern, und tretet, in unruhiger Versammlung, hier um mich herum, eure ehrwürdigen Locken schüttelnd? Nein, nein, nein! Zum Weibe, wenn ich sie gleich liebe, begehr ich sie nicht; eurem stolzen Reigen will ich mich anschließen: das war beschloßne Sache, noch ehe ihr kamt. Dich aber, Winfried, der ihn führt, du Erster meines Namens, Göttlicher mit der Scheitel des Zeus, dich frag ich, ob die Mutter meines Geschlechts war, wie diese: von jeder frommen Tugend strahlender, makelloser an Leib und Seele, mit jedem Liebreiz geschmückter, als sie? O Winfried! Grauer Alter! Ich küsse dir die Hand, und danke dir, daß ich bin; doch hättest du *sie* an die stählerne Brust gedrückt, du hättest ein Geschlecht von Königen erzeugt, und Wetter vom Strahl hieße jedes Gebot auf Erden! Ich weiß, daß ich mich fassen und diese Wunde vernarben werde: denn welche Wunde vernarbte nicht der Mensch? Doch wenn ich jemals ein Weib finde, Käthchen, dir gleich: so will ich die Länder durchreisen, und die Sprachen der Welt lernen, und Gott preisen in jeder Zunge, die geredet wird. – Gottschalk!

Zweiter Auftritt

Gottschalk. Der Graf vom Strahl.

GOTTSCHALK *draußen.* Heda! Herr Graf vom Strahl!
DER GRAF VOM STRAHL. Was gibt's?
GOTTSCHALK. Was zum Henker! – – Ein Bote ist angekommen von Eurer Mutter.
DER GRAF VOM STRAHL. Ein Bote?

GOTTSCHALK. Gestreckten Laufs, keuchend, mit verhängtem Zügel; mein Seel, wenn Euer Schloß ein eiserner Bogen und er ein Pfeil gewesen wäre, er hätte nicht rascher herangeschossen werden können.

DER GRAF VOM STRAHL. Was hat er mir zu sagen?

GOTTSCHALK. He! Ritter Franz!

Dritter Auftritt

Ritter Flammberg tritt auf. Die Vorigen.

DER GRAF VOM STRAHL. Flammberg! – Was führt dich so eilig zu mir her?

FLAMMBERG. Gnädigster Herr! Eurer Mutter, der Gräfin, Gebot; sie 151 befahl mir den besten Renner zu nehmen, und Euch entgegenzureiten!

DER GRAF VOM STRAHL. Nun? Und was bringst du mir?

FLAMMBERG. Krieg, bei meinem Eid, Krieg! Ein Aufgebot zu neuer Fehde, warm, wie sie es eben von des Herolds Lippen empfangen hat.

DER GRAF VOM STRAHL *betreten*. Wessen? – Doch nicht des Burggrafen, mit dem ich eben den Frieden abschloß? *Er setzt sich den Helm auf.*

FLAMMBERG. Des Rheingrafen, des Junkers vom Stein, der unten am weinumblühten Neckar seinen Sitz hat.

DER GRAF VOM STRAHL. Des Rheingrafen! – Was hab ich mit dem Rheingrafen zu schaffen, Flammberg?

FLAMMBERG. Mein Seel! Was hattet Ihr mit dem Burggrafen zu schaffen? Und was wollte so mancher andere von Euch, ehe Ihr mit dem Burggrafen zu schaffen kriegtet? Wenn Ihr den kleinen griechischen Feuerfunken nicht austretet, der diese Kriege veranlaßt, so sollt Ihr noch das ganze Schwabengebirge wider Euch auflodern sehen, und die Alpen und den Hundsrück obenein.

DER GRAF VOM STRAHL. Es ist nicht möglich! Fräulein Kunigunde –

FLAMMBERG. Der Rheingraf fordert, im Namen Fräulein Kunigundens von Thurneck, den Wiederkauf Eurer Herrschaft Stauffen; jener drei Städtlein und siebzehn Dörfer und Vorwerker, Eurem Vorfahren Otto, von Peter, dem ihrigen, unter der besagten Klausel, käuflich abgetreten; gradeso, wie dies der Burggraf von Freiburg, und, in früheren Zeiten schon ihre Vettern, in ihrem Namen getan haben.

DER GRAF VOM STRAHL *steht auf.* Die rasende Megäre! Ist das nicht der dritte Reichsritter, den sie mir, einem Hund gleich, auf den Hals hetzt, um mir diese Landschaft abzujagen! Ich glaube, das ganze Reich frißt ihr aus der Hand. Kleopatra fand einen, und als der sich den Kopf zerschellt hatte, scheuten die anderen; doch ihr dient alles, was eine Rippe weniger hat, als sie, und für jeden einzelnen, den ich ihr zerzaust zurücksende, stehn zehen andere wider mich auf – Was führt' er für Gründe an?

FLAMMBERG. Wer? Der Herold?

DER GRAF VOM STRAHL. Was führt' er für Gründe an?

FLAMMBERG. Ei, gestrenger Herr, da hätt er ja rot werden müssen.

DER GRAF VOM STRAHL. Er sprach von Peter von Thurneck – nicht? Und von der Landschaft ungültigem Verkauf?

FLAMMBERG. Allerdings. Und von den schwäbischen Gesetzen; mischte Pflicht und Gewissen, bei jedem dritten Wort, in die Rede, und rief Gott zum Zeugen an, daß nichts als die reinsten Absichten seinen Herrn, den Rheingrafen, vermöchten, des Fräuleins Sache zu ergreifen.

DER GRAF VOM STRAHL. Aber die roten Wangen der Dame behielt er für sich?

FLAMMBERG. Davon hat er kein Wort gesagt.

DER GRAF VOM STRAHL. Daß sie die Pocken kriegte! Ich wollte, ich könnte den Nachttau in Eimern auffassen, und über ihren weißen Hals ausgießen! Ihr kleines verwünschtes Gesicht ist der letzte Grund aller dieser Kriege wider mich; und solange ich den Märzschnee nicht vergiften kann, mit welchem sie sich wäscht, hab ich auch vor den Rittern des Landes keine Ruhe. Aber Geduld nur! – Wo hält sie sich jetzt auf?

FLAMMBERG. Auf der Burg zum Stein, wo ihr schon seit drei Tagen Prunkgelage gefeiert werden, daß die Feste des Himmels erkracht, und Sonne, Mond und Sterne nicht mehr angesehen werden. Der Burggraf, den sie verabschiedet hat, soll Rache kochen, und wenn Ihr einen Boten an ihn absendet, so zweifl ich nicht, er zieht mit Euch gegen den Rheingrafen zu Felde.

DER GRAF VOM STRAHL. Wohlan! Führt mir die Pferde vor, ich will reiten. – Ich habe dieser jungen Aufwieglerin versprochen, wenn sie die Waffen ihres kleinen schelmischen Angesichts nicht ruhen ließe wider mich, so würd ich ihr einen Possen zu spielen wissen,

daß sie es ewig in einer Scheide tragen sollte; und so wahr ich diese
Rechte aufhebe, ich halte Wort! – Folgt mir, meine Freunde!

Alle ab.

Szene: Köhlerhütte im Gebirg. Nacht, Donner und Blitz.

Vierter Auftritt

Burggraf von Freiburg und Georg von Waldstätten treten auf.

FREIBURG *in die Szene rufend.* Hebt sie vom Pferd herunter! – *Blitz und Donnerschlag.* – Ei, so schlag ein wo du willst; nur nicht auf die Scheitel, belegt mit Kreide, meiner lieben Braut, der Kunigunde von Thurneck!

EINE STIMME *außerhalb.* He! Wo seid Ihr?

FREIBURG. Hier!

GEORG. Habt Ihr jemals eine solche Nacht erlebt?

FREIBURG. Das gießt vom Himmel herab, Wipfel und Bergspitzen ersäufend, als ob eine zweite Sündflut heranbräche. – Hebt sie vom Pferd herunter!

EINE STIMME *außerhalb.* Sie rührt sich nicht.

EINE ANDERE. Sie liegt, wie tot, zu des Pferdes Füßen da.

FREIBURG. Ei, Possen! Das tut sie bloß, um ihre falschen Zähne nicht zu verlieren. Sagt ihr, ich wäre der Burggraf von Freiburg und die echten, die sie im Mund hätte, hätte ich gezählt. – So! bringt sie her.

Ritter Schauermann erscheint, das Fräulein von Thurneck auf der Schulter tragend.

GEORG. Dort ist eine Köhlerhütte.

Fünfter Auftritt

Ritter Schauermann mit dem Fräulein, Ritter Wetzlaf und die Reisigen des Burggrafen. Zwei Köhler. Die Vorigen.

FREIBURG *an die Köhlerhütte klopfend.* Heda!

DER ERSTE KÖHLER *drinnen.* Wer klopfet?

FREIBURG. Frag nicht, du Schlingel, und mach auf.

DER ZWEITE KÖHLER *ebenso.* Holla! Nicht eher bis ich den Schlüssel umgekehrt habe. Wird doch der Kaiser nicht vor der Tür sein?

FREIBURG. Halunke! Wenn nicht der, doch einer, der hier regiert, und den Szepter gleich vom Ast brechen wird, um's dir zu zeigen.

DER ERSTE KÖHLER *auftretend, eine Laterne in der Hand.* Wer seid ihr? Was wollt ihr?

FREIBURG. Ein Rittersmann bin ich; und diese Dame, die hier todkrank herangetragen wird, das ist –

SCHAUERMANN *von hinten.* Das Licht weg!

WETZLAF. Schmeißt ihm die Laterne aus der Hand!

FREIBURG *indem er ihm die Laterne wegnimmt.* Spitzbube! Du willst hier leuchten?

DER ERSTE KÖHLER. Ihr Herren, ich will hoffen, der größeste unter euch bin ich! Warum nehmt ihr mir die Laterne weg?

DER ZWEITE KÖHLER. Wer seid ihr? Und was wollt ihr?

FREIBURG. Rittersleute, du Flegel, hab ich dir schon gesagt!

GEORG. Wir sind reisende Ritter, ihr guten Leute, die das Unwetter überrascht hat.

FREIBURG *unterbricht ihn.* Kriegsmänner, die von Jerusalem kommen, und in ihre Heimat ziehen; und jene Dame dort, die herangetragen wird, von Kopf zu Fuß in einem Mantel eingewickelt, das ist –

Ein Gewitterschlag.

DER ERSTE KÖHLER. Ei, so plärr du, daß die Wolken reißen! – Von Jerusalem, sagt ihr?

DER ZWEITE KÖHLER. Man kann vor dem breitmäuligen Donner kein Wort verstehen.

FREIBURG. Von Jerusalem, ja.

DER ZWEITE KÖHLER. Und das Weibsen, das herangetragen wird –?

GEORG *auf den Burggrafen zeigend.* Das ist des Herren kranke Schwester, ihr ehrlichen Leute, und begehrt –

FREIBURG *unterbricht ihn.* Das ist jenes Schwester, du Schuft, und meine Gemahlin; todkrank, wie du siehst, von Schloßen und Hagel halb erschlagen, so daß sie kein Wort vorbringen kann: die begehrt eines Platzes in deiner Hütte, bis das Ungewitter vorüber und der Tag angebrochen ist.

DER ERSTE KÖHLER. Die begehrt einen Platz in meiner Hütte?

GEORG. Ja, ihr guten Köhler; bis das Gewitter vorüber ist, und wir unsre Reise fortsetzen können.

DER ZWEITE KÖHLER. Mein Seel, da habt ihr Worte gesagt, die waren den Lungenodem nicht wert, womit ihr sie ausgestoßen.

DER ERSTE KÖHLER. Isaak!

FREIBURG. Du willst das tun?

DER ZWEITE KÖHLER. Des Kaisers Hunden, ihr Herrn, wenn sie vor meiner Tür darum heulten. – Isaak! Schlingel! hörst nicht?

JUNGE *in der Hütte.* He! sag ich. Was gibt's?

DER ZWEITE KÖHLER. Das Stroh schüttle auf, Schlingel, und die Decken drüberhin; ein krank Weibsen wird kommen und Platz nehmen, in der Hütten! Hörst du?

FREIBURG. Wer spricht drin?

DER ERSTE KÖHLER. Ei, ein Flachskopf von zehn Jahren, der uns an die Hand geht.

FREIBURG. Gut. – Tritt heran, Schauermann! hier ist ein Knebel losgegangen.

SCHAUERMANN. Wo?

FREIBURG. Gleichviel! – In den Winkel mit ihr hin, dort! – – Wenn der Tag anbricht, werd ich dich rufen. *Schauermann trägt das Fräulein in die Hütte.*

156

Sechster Auftritt

Die Vorigen ohne Schauermann und das Fräulein.

FREIBURG. Nun, Georg, alle Saiten des Jubels schlag ich an: wir *haben* sie; wir *haben* diese Kunigunde von Thurneck! So wahr ich nach meinem Vater getauft bin, nicht um den ganzen Himmel, um den meine Jugend gebetet hat, geb ich die Lust weg, die mir beschert ist, wenn der morgende Tag anbricht! – Warum kamst du nicht früher von Waldstätten herab?

GEORG. Weil du mich nicht früher rufen ließest.

FREIBURG. Oh, Georg! Du hättest sie sehen sollen, wie sie daher geritten kam, einer Fabel gleich, von den Rittern des Landes umringt, gleich einer Sonne, unter ihren Planeten! War's nicht, als ob sie zu den Kieseln sagte, die unter ihr Funken sprühten: ihr müßt mir schmelzen, wenn ihr mich seht? Thalestris, die Königin der Amazonen, als sie herabzog vom Kaukasus, Alexander den Großen zu bitten, daß er sie küsse: sie war nicht reizender und göttlicher, als sie.

GEORG. Wo fingst du sie?

FREIBURG. Fünf Stunden, Georg, fünf Stunden von der Steinburg, wo ihr der Rheingraf, durch drei Tage, schallende Jubelfeste gefeiert hatte. Die Ritter, die sie begleiteten, hatten sie kaum verlassen, da werf ich ihren Vetter Isidor, der bei ihr geblieben war, in den Sand, und auf den Rappen mit ihr, und auf und davon.

GEORG. Aber, Max! Max! Was hast du –?

FREIBURG. Ich will dir sagen, Freund –

GEORG. Was bereitest du dir, mit allen diesen ungeheuren Anstalten, vor?

FREIBURG. Lieber! Guter! Wunderlicher! Honig von Hybla, für diese vom Durst der Rache zu Holz vertrocknete Brust. Warum soll dies wesenlose Bild länger, einer olympischen Göttin gleich, auf dem Fußgestell prangen, die Hallen der christlichen Kirchen von uns und unsersgleichen entvölkernd? Lieber angefaßt, und auf den Schutt hinaus, das Oberste zuunterst, damit mit Augen erschaut wird, daß kein Gott in ihm wohnt.

GEORG. Aber in aller Welt, sag mir, was ist's, das dich mit so rasendem Haß gegen sie erfüllt?

FREIBURG. O Georg! Der Mensch wirft alles, was er sein nennt, in eine Pfütze, aber kein Gefühl. Georg, ich liebte sie, und sie war dessen nicht wert. Ich liebte sie und ward verschmäht, Georg; und sie war meiner Liebe nicht wert. Ich will dir was sagen – Aber es macht mich blaß, wenn ich daran denke. Georg! Georg! Wenn die Teufel um eine Erfindung verlegen sind: so müssen sie einen Hahn fragen der sich vergebens um eine Henne gedreht hat, und hinterher sieht, daß sie, vom Aussatz zerfressen, zu seinem Spaße nicht taugt.

GEORG. Du wirst keine unritterliche Rache an ihr ausüben?

FREIBURG. Nein; Gott behüt mich! Keinem Knecht mut ich zu, sie an ihr zu vollziehn. – Ich bringe sie nach der Steinburg zum Rheingrafen zurück, wo ich nichts tun will, als ihr das Halstuch abnehmen: das soll meine ganze Rache sein!

GEORG. Was! Das Halstuch abnehmen?

FREIBURG. Ja Georg; und das Volk zusammenrufen.

GEORG. Nun, und wenn das geschehn ist, da willst du –?

FREIBURG. Ei, da will ich über sie philosophieren. Da will ich euch einen metaphysischen Satz über sie geben, wie Platon, und meinen Satz nachher erläutern, wie der lustige Diogenes getan. Der Mensch ist – – Aber still: *Er horcht.*

GEORG. Nun! Der Mensch ist? –

FREIBURG. Der Mensch ist, nach Platon, ein zweibeinigtes, ungefiedertes Tier; du weißt, wie Diogenes dies bewiesen; einen Hahn, glaub ich, rupft' er, und warf ihn unter das Volk. – Und diese Kunigunde, Freund, diese Kunigunde von Thurneck, die ist nach mir – – – Aber still! So wahr ich ein Mann bin: dort steigt jemand vom Pferd!

Siebenter Auftritt

Der Graf vom Strahl und Ritter Flammberg treten auf.
Nachher Gottschalk. – Die Vorigen.

DER GRAF VOM STRAHL *an die Hütte klopfend.* Heda! Ihr wackern Köhlersleute!

FLAMMBERG. Das ist eine Nacht, die Wölfe in den Klüften um ein Unterkommen anzusprechen.

DER GRAF VOM STRAHL. Ist's erlaubt, einzutreten?

FREIBURG *ihm in den Weg.* Erlaubt, ihr Herrn! Wer ihr auch sein mögt dort –

GEORG. Ihr könnt hier nicht einkehren.

DER GRAF VOM STRAHL. Nicht? Warum nicht?

FREIBURG. Weil kein Raum drin ist, weder für euch noch für uns. Meine Frau liegt darin todkrank, den einzigen Winkel der leer ist, mit ihrer Bedienung erfüllend: ihr werdet sie nicht daraus vertreiben wollen.

DER GRAF VOM STRAHL. Nein, bei meinem Eid! Vielmehr wünsche ich, daß sie sich bald darin erholen möge. – Gottschalk!

FLAMMBERG. So müssen wir beim Gastwirt zum blauen Himmel übernachten.

DER GRAF VOM STRAHL. Gottschalk sag ich!

GOTTSCHALK *draußen.* Hier!

DER GRAF VOM STRAHL. Schaff die Decken her! Wir wollen uns hier ein Lager bereiten, unter den Zweigen.

Gottschalk und der Köhlerjunge treten auf.

GOTTSCHALK *indem er ihnen die Decken bringt.* Das weiß der Teufel, was das hier für eine Wirtschaft ist. Der Junge sagt, drinnen wäre ein geharnischter Mann, der ein Fräulein bewachte: das läge geknebelt und mit verstopftem Munde da, wie ein Kalb, das man zur Schlachtbank bringen will.

DER GRAF VOM STRAHL. Was sagst du? Ein Fräulein? Geknebelt und mit verstopftem Munde? – Wer hat dir das gesagt?

FLAMMBERG. Jung! Woher weißt du das?

KÖHLERJUNGE *erschrocken.* St! – Um aller Heiligen willen! Ihr Herren, was macht ihr?

DER GRAF VOM STRAHL. Komm her.

KÖHLERJUNGE. Ich sage: St!

FLAMMBERG. Jung! Wer hat dir das gesagt? So sprich.

KÖHLERJUNGE *heimlich, nachdem er sich umgesehen.* Hab's geschaut, ihr Herren. Lag auf dem Stroh, als sie sie hineintrugen, und sprachen, sie sei krank. Kehrt ihr die Lampe zu und erschaut, daß sie gesund war, und Wangen hatt als wie unsre Lore. Und wimmert' und druckt' mir die Händ und blinzelte, und sprach so vernehmlich, wie ein kluger Hund: mach mich los, lieb Bübel, mach mich los! daß ich's mit Augen hört und mit den Fingern verstand.

DER GRAF VOM STRAHL. Jung, du flachsköpfiger; so tu's!

FLAMMBERG. Was säumst du? Was machst du?

DER GRAF VOM STRAHL. Bind sie los und schick sie her!

KÖHLERJUNGE *schüchtern.* St! sag ich. – Ich wollt, daß ihr zu Fischen würdet! – Da erheben sich ihrer drei schon und kommen her, und sehen, was es gibt? *Er bläst seine Laterne aus.*

DER GRAF VOM STRAHL. Nichts, du wackrer Junge, nichts.

FLAMMBERG. Sie haben nichts davon gehört.

DER GRAF VOM STRAHL. Sie wechseln bloß um des Regens willen ihre Plätze.

KÖHLERJUNGE *sieht sich um.* Wollt ihr mich schützen?

DER GRAF VOM STRAHL. Ja, so wahr ich ein Ritter bin; das will ich.

FLAMMBERG. Darauf kannst du dich verlassen.

KÖHLERJUNGE. Wohlan! Ich will's dem Vater sagen. – Schaut was ich tue, und ob ich in die Hütte gehe, oder nicht? *Er spricht mit den Alten, die hinten am Feuer stehen, und verliert sich nachher in die Hütte.*

FLAMMBERG. Sind das solche Kauze? Beelzebubs- Ritter, deren Ordensmantel die Nacht ist? Eheleute, auf der Landstraße mit Stricken und Banden aneinander getraut?

DER GRAF VOM STRAHL. Krank, sagten sie!

FLAMMBERG. Todkrank, und dankten für alle Hülfe!
GOTTSCHALK. Nun wart! Wir wollen sie scheiden.

Pause.

SCHAUERMANN *in der Hütte.*
  He! holla! Die Bestie!
DER GRAF VOM STRAHL.
  Auf, Flammberg; erhebe dich!

Sie stehen auf.

FREIBURG. Was gibt's?

Die Partei des Burggrafen erhebt sich.

SCHAUERMANN.
  Ich bin angebunden! Ich bin angebunden!

Das Fräulein erscheint.

FREIBURG. Ihr Götter! Was erblick ich?

Achter Auftritt

*Fräulein Kunigunde von Thurneck im Reisekleide, mit entfesselten
Haaren. – Die Vorigen.*

KUNIGUNDE *wirft sich vor dem Grafen vom Strahl nieder.*
  Mein Retter! Wer Ihr immer seid! Nehmt einer
  Vielfach geschmähten und geschändeten
  Jungfrau Euch an! Wenn Euer ritterlicher Eid
  Den Schutz der Unschuld Euch empfiehlt: hier liegt sie
  In Staub gestreckt, die jetzt ihn von Euch fordert!
FREIBURG.
  Reißt sie hinweg, ihr Männer!
GEORG *ihn zurückhaltend.*
  Max! hör mich an.
FREIBURG.
  Reißt sie hinweg, sag ich; laßt sie nicht reden!
DER GRAF VOM STRAHL.
  Halt dort ihr Herrn! Was wollt ihr!

FREIBURG.

    Was wir wollen?

    Mein Weib will ich, zum Henker! – Auf! ergreift sie!

KUNIGUNDE.

    Dein Weib? Du Lügnerherz!

DER GRAF VOM STRAHL *streng.*

    Berühr sie nicht!

    Wenn du von dieser Dame was verlangst,

    So sagst du's mir! Denn mir gehört sie jetzt,

    Weil sie sich meinem Schutze anvertraut.

Er erhebt sie.

FREIBURG.

    Wer bist du, Übermütiger, daß du

    Dich zwischen zwei Vermählte drängst? Wer gibt

    Das Recht dir, mir die Gattin zu verweigern?

KUNIGUNDE.

    Die Gattin? Bösewicht! Das bin ich nicht!

DER GRAF VOM STRAHL.

    Und wer bist du, Nichtswürdiger, daß du

    Sie deine Gattin sagst, verfluchter Bube,

    Daß du sie dein nennst, geiler Mädchenräuber,

    Die Jungfrau, dir vom Teufel in der Hölle,

    Mit Knebeln und mit Banden angetraut?

FREIBURG.

    Wie? Was? Wer?

GEORG.

    Max, ich bitte dich.

DER GRAF VOM STRAHL.

    Wer bist du?

FREIBURG.

    Ihr Herrn, ihr irrt euch sehr –

DER GRAF VOM STRAHL.

    Wer bist du, frag ich?

FREIBURG.

    Ihr Herren, wenn ihr glaubt, daß ich –

DER GRAF VOM STRAHL.

    Schafft Licht her!

FREIBURG.

Dies Weib hier, das ich mitgebracht, das ist –

DER GRAF VOM STRAHL.

Ich sage Licht herbeigeschafft!

Gottschalk und die Köhler kommen mit Fackeln und Feuerhaken.

FREIBURG.

Ich bin –

GEORG *heimlich.*

Ein Rasender bist du! Fort! Gleich hinweg!
Willst du auf ewig nicht dein Wappen schänden.

DER GRAF VOM STRAHL.

So, meine wackern Köhler; leuchtet mir!

FREIBURG *schließt sein Visier.*

DER GRAF VOM STRAHL.

Wer bist du jetzt, frag ich? Öffn' das Visier.

162

FREIBURG.

Ihr Herrn, ich bin –

DER GRAF VOM STRAHL.

Öffn' das Visier.

FREIBURG.

Ihr hört.

DER GRAF VOM STRAHL.

Meinst du, leichtfert'ger Bube, ungestraft
Die Antwort *mir* zu weigern, wie ich dir?

Er reißt ihm den Helm vom Haupt, der Burggraf taumelt.

SCHAUERMANN.

Schmeißt den Verwegenen doch gleich zu Boden!

WETZLAF.

Auf! Zieht!

FREIBURG.

Du Rasender, welch eine Tat!

Er erhebt sich, zieht und haut nach dem Grafen; der weicht aus.

DER GRAF VOM STRAHL.

Du wehrst dich mir, du Afterbräutigam?

Er haut ihn nieder.

So fahr zur Hölle hin, woher du kamst,
Und feire deine Flitterwochen drin!
WETZLAF.
    Entsetzen! Schaut! Er stürzt, er wankt, er fällt!
FLAMMBERG *dringt vor.*
    Auf jetzt, ihr Freunde!
SCHAUERMANN.
    Fort! Entflieht!
FLAMMBERG.
    Schlagt drein!
    Jagt das Gesindel völlig in die Flucht!

Die Burggräflichen entweichen; niemand bleibt als Georg, der über
den Burggrafen beschäftigt ist.

DER GRAF VOM STRAHL *zum Burggrafen.*
    Freiburg! Was seh ich? Ihr allmächt'gen Götter!
    Du bist's?
KUNIGUNDE *unterdrückt.*
    Der undankbare Höllenfuchs!
DER GRAF VOM STRAHL.
    Was galt dir diese Jungfrau, du Unsel'ger?
    Was wolltest du mit ihr?
GEORG.
    – Er kann nicht reden.
    Blut füllt, vom Scheitel quellend, ihm den Mund.
KUNIGUNDE.
    Laßt ihn ersticken drin!
DER GRAF VOM STRAHL.
    Ein Traum erscheint mir's!
    Ein Mensch wie der, so wacker sonst, und gut.
    – Kommt ihm zu Hülf, ihr Leute!
FLAMMBERG.
    Auf! Greift an!
    Und tragt ihn dort in jener Hütte Raum.
KUNIGUNDE.
    Ins Grab! Die Schaufeln her! Er sei gewesen!

163

DER GRAF VOM STRAHL.

Beruhigt Euch! – Wie er darnieder liegt,
Wird er auch unbeerdigt Euch nicht schaden.

KUNIGUNDE.

Ich bitt um Wasser!

DER GRAF VOM STRAHL.

Fühlt Ihr Euch nicht wohl?

KUNIGUNDE.

Nichts, nichts – Es ist – Wer hilft? – Ist hier kein Sitz?
– Weh mir!

Sie wankt.

DER GRAF VOM STRAHL.

Ihr Himmlischen! He! Gottschalk! hilf!

GOTTSCHALK.

Die Fackeln her!

KUNIGUNDE.

Laßt, laßt!

DER GRAF VOM STRAHL *hat sie auf einen Sitz geführt.*

Es geht vorüber?

KUNIGUNDE.

Das Licht kehrt meinen trüben Augen wieder. –

DER GRAF VOM STRAHL.

Was war's, das so urplötzlich Euch ergriff?

KUNIGUNDE.

Ach, mein großmüt'ger Retter und Befreier,
Wie nenn ich das? Welch ein entsetzensvoller,
Unmenschlicher Frevel war mir zugedacht?
Denk ich, was ohne Euch, vielleicht schon jetzt,
Mir widerfuhr, hebt sich mein Haar empor,
Und meiner Glieder jegliches erstarrt.

DER GRAF VOM STRAHL.

Wer seid Ihr? Sprecht! Was ist Euch widerfahren?

KUNIGUNDE.

O Seligkeit, Euch dies jetzt zu entdecken!
Die Tat, die Euer Arm vollbracht, ist keiner
Unwürdigen geschehen; Kunigunde,
Freifrau von Thurneck, bin ich, daß Ihr's wißt;

Das süße Leben, das Ihr mir erhieltet,
Wird, außer mir, in Thurneck, dankbar noch
Ein ganz Geschlecht Euch von Verwandten lohnen.
DER GRAF VOM STRAHL.
　　Ihr seid? – Es ist nicht möglich? Kunigunde
　　Von Thurneck? –
KUNIGUNDE.
　　Ja, so sagt ich! Was erstaunt Ihr?
DER GRAF VOM STRAHL *steht auf.*
　　Nun denn, bei meinem Eid, es tut mir leid,
　　So kamt Ihr aus dem Regen in die Traufe:
　　Denn ich bin Friedrich Wetter Graf vom Strahl!
KUNIGUNDE.
　　Was! Euer Name? – Der Name meines Retters? –
DER GRAF VOM STRAHL.
　　Ist Friedrich Strahl, Ihr hört's. Es tut mir leid,
　　Daß ich Euch keinen bessern nennen kann.
KUNIGUNDE *steht auf.*
　　Ihr Himmlischen! Wie prüft ihr dieses Herz?
GOTTSCHALK *heimlich.*
　　Die Thurneck? hört ich recht?
FLAMMBERG *erstaunt.*
　　Bei Gott! Sie ist's!

Pause.

KUNIGUNDE.
　　Es sei. Es soll mir das Gefühl, das hier
　　In diesem Busen sich entflammt, nicht stören.
　　Ich will nichts denken, fühlen will ich nichts,
　　Als Unschuld, Ehre, Leben, Rettung – Schutz
　　Vor diesem Wolf, der hier am Boden liegt. –
　　Komm her, du lieber, goldner Knabe, du,
　　Der mich befreit, nimm diesen Ring von mir,
　　Es ist jetzt alles, was ich geben kann:
　　Einst lohn ich würdiger, du junger Held,
　　Die Tat dir, die mein Band gelöst, die mutige,
　　Die mich vor Schmach bewahrt, die mich errettet,
165　Die Tat, die mich zur Seligen gemacht!

Sie wendet sich zum Grafen.

Euch, mein Gebieter – Euer nenn ich alles,
Was mein ist! Sprecht! Was habt Ihr über mich beschlossen?
In Eurer Macht bin ich; was muß geschehn?
Muß ich nach Eurem Rittersitz Euch folgen?
DER GRAF VOM STRAHL *nicht ohne Verlegenheit.*
Mein Fräulein – es ist nicht eben allzuweit.
Wenn Ihr ein Pferd besteigt, so könnt Ihr bei
Der Gräfin, meiner Mutter, übernachten.
KUNIGUNDE.
Führt mir das Pferd vor!
DER GRAF VOM STRAHL *nach einer Pause.*
Ihr vergebt mir,
Wenn die Verhältnisse, in welchen wir –
KUNIGUNDE.
Nichts, nichts! Ich bitt Euch sehr! Beschämt mich nicht!
In Eure Kerker klaglos würd ich wandern.
DER GRAF VOM STRAHL.
In meinen Kerker! Was! Ihr überzeugt Euch –
KUNIGUNDE *unterbricht ihn.*
Drückt mich mit Eurer Großmut nicht zu Boden! –
Ich bitt um Eure Hand!
DER GRAF VOM STRAHL.
He! Fackeln! Leuchtet!

Ab.

Szene: Schloß Wetterstrahl. Ein Gemach in der Burg.

Neunter Auftritt

*Kunigunde, in einem halb vollendeten, romantischen Anzuge, tritt
auf, und setzt sich vor einer Toilette nieder. Hinter ihr Rosalie und
die alte Brigitte.*

ROSALIE *zu Brigitten.* Hier, Mütterchen, setz dich! Der Graf vom Strahl
hat sich bei meinem Fräulein anmelden lassen; sie läßt sich nur noch
die Haare von mir zurecht legen, und mag gern dein Geschwätz hören.

BRIGITTE *die sich gesetzt.* Also Ihr seid Fräulein Kunigunde von Thurneck?

KUNIGUNDE. Ja Mütterchen; das bin ich.

BRIGITTE. Und nennt Euch eine Tochter des Kaisers?

KUNIGUNDE. Des Kaisers? Nein; wer sagt dir das? Der jetzt lebende Kaiser ist mir fremd; die Urenkelin eines der vorigen Kaiser bin ich, die in verflossenen Jahrhunderten, auf dem deutschen Thron saßen.

BRIGITTE. O Herr! Es ist nicht möglich? Die Urenkeltochter –

KUNIGUNDE. Nun ja!

ROSALIE. Hab ich es dir nicht gesagt?

BRIGITTE. Nun, bei meiner Treu, so kann ich mich ins Grab legen: der Traum des Grafen vom Strahl ist aus!

KUNIGUNDE. Welch ein Traum?

ROSALIE. Hört nur, hört! Es ist die wunderlichste Geschichte von der Welt! – – Aber sei bündig, Mütterchen, und spare den Eingang; denn die Zeit, wie ich dir schon gesagt, ist kurz.

BRIGITTE. Der Graf war gegen das Ende des vorletzten Jahres, nach einer seltsamen Schwermut, von welcher kein Mensch die Ursache ergründen konnte, erkrankt; matt lag er da, mit glutrotem Antlitz und phantasierte; die Ärzte, die ihre Mittel erschöpft hatten, sprachen, er sei nicht zu retten. Alles, was in seinem Herzen verschlossen war, lag nun, im Wahnsinn des Fiebers, auf seiner Zunge: er scheide gern, sprach er, von hinnen; das Mädchen, das fähig wäre, ihn zu lieben, sei nicht vorhanden; Leben aber ohne Liebe sei Tod; die Welt nannt er ein Grab, und das Grab eine Wiege, und meinte, er würde nun erst geboren werden. – Drei hintereinander folgende Nächte, während welcher seine Mutter nicht von seinem Bette wich, erzählte er ihr, ihm sei ein Engel erschienen und habe ihm zugerufen: Vertraue, vertraue, vertraue! Auf der Gräfin Frage: ob sein Herz sich, durch diesen Zuruf des Himmlischen, nicht gestärkt fühle? antwortete er: »Gestärkt? Nein!« – und mit einem Seufzer setzte er hinzu: »doch! doch, Mutter! Wenn ich sie werde gesehen haben!« – Die Gräfin fragt: und wirst du sie sehen? »Gewiß!« antwortet er. Wann? fragt sie. Wo? – »In der Silvesternacht, wenn das neue Jahr eintritt; da wird er mich zu ihr führen.« Wer? fragt sie, Lieber; zu wem? »Der Engel«, spricht er, »zu meinem Mädchen« – wendet sich und schläft ein.

KUNIGUNDE. Geschwätz!

ROSALIE. Hört sie nur weiter. – Nun?

BRIGITTE. Drauf in der Silvesternacht, in dem Augenblick, da eben das Jahr wechselt, hebt er sich halb vom Lager empor, starrt, als ob er eine Erscheinung hätte, ins Zimmer hinein, und, indem er mit der Hand zeigt: »Mutter! Mutter! Mutter!« spricht er. Was gibt's? fragt sie. »Dort! Dort!« Wo? »Geschwind!« spricht er. – Was? – »Den Helm! Den Harnisch! Das Schwert!« – Wo willst du hin? fragt die Mutter. »Zu ihr«, spricht er; »zu ihr. So! so! so!« und sinkt zurück; »ade, Mutter ade!« streckt alle Glieder von sich, und liegt wie tot.

KUNIGUNDE. Tot?

ROSALIE. Tot, ja!

KUNIGUNDE. Sie meint, einem Toten gleich.

ROSALIE. Sie sagt, tot! Stört sie nicht. – Nun?

BRIGITTE. Wir horchten an seiner Brust: es war so still darin, wie in einer leeren Kammer. Eine Feder ward ihm vorgehalten, seinen Atem zu prüfen: sie rührte sich nicht. Der Arzt meinte in der Tat, sein Geist habe ihn verlassen; rief ihm ängstlich seinen Namen ins Ohr; reizt' ihn, um ihn zu erwecken, mit Gerüchen; reizt' ihn mit Stiften und Nadeln, riß ihm ein Haar aus, daß sich das Blut zeigte; vergebens: er bewegte kein Glied und lag, wie tot.

KUNIGUNDE. Nun? Darauf?

BRIGITTE. Darauf, nachdem er einen Zeitraum so gelegen, fährt er auf, kehrt sich, mit dem Ausdruck der Betrübnis, der Wand zu, und spricht: »Ach! Nun bringen sie die Lichter! Nun ist sie mir wieder verschwunden!« – gleichsam, als ob er durch den Glanz derselben verscheucht würde. – Und da die Gräfin sich über ihn neigt und ihn an ihre Brust hebt und spricht: Mein Friedrich! Wo warst du? »Bei ihr«, versetzt er, mit freudiger Stimme; »bei ihr, die mich liebt! bei der Braut, die mir der Himmel bestimmt hat! Geh, Mutter geh, und laß nun in allen Kirchen für mich beten: denn nun wünsch ich zu leben.«

KUNIGUNDE. Und bessert sich wirklich?

ROSALIE. Das eben ist das Wunder.

BRIGITTE. Bessert sich, mein Fräulein, bessert sich, in der Tat; erholt sich, von Stund an, gewinnt, wie durch himmlischen Balsam geheilt, seine Kräfte wieder, und ehe der Mond sich erneut, ist er so gesund wie zuvor.

KUNIGUNDE. Und erzählte? – Was erzählte er nun?

BRIGITTE. Ach, und erzählte, und fand kein Ende zu erzählen: wie der Engel ihn, bei der Hand, durch die Nacht geleitet; wie er sanft des Mädchens Schlafkämmerlein eröffnet, und alle Wände mit seinem Glanz erleuchtend, zu ihr eingetreten sei; wie es dagelegen, das holde Kind, mit nichts, als dem Hemdchen angetan, und die Augen bei seinem Anblick groß aufgemacht, und gerufen habe, mit einer Stimme, die das Erstaunen beklemmt: »Mariane!« welches jemand gewesen sein müsse, der in der Nebenkammer geschlafen; wie sie darauf, vom Purpur der Freude über und über schimmernd, aus dem Bette gestiegen, und sich auf Knien vor ihm niedergelassen, das Haupt gesenkt, und: mein hoher Herr! gelispelt; wie der Engel ihm darauf, daß es eine Kaisertochter sei, gesagt, und ihm ein Mal gezeigt, das dem Kindlein rötlich auf dem Nacken verzeichnet war, – wie er, von unendlichem Entzücken durchbebt, sie eben beim Kinn gefaßt, um ihr ins Antlitz zu schauen: und wie die unselige Magd nun, die Mariane, mit Licht gekommen, und die ganze Erscheinung bei ihrem Eintritt wieder verschwunden sei.

KUNIGUNDE. Und nun meinst du, diese Kaisertochter sei ich?

BRIGITTE. Wer sonst?

ROSALIE. Das sag ich auch.

BRIGITTE. Die ganze Strahlburg, bei Eurem Einzug, als sie erfuhr, wer Ihr seid, schlug die Hände über den Kopf zusammen und rief: sie ist's!

ROSALIE. Es fehlte nichts, als daß die Glocken ihre Zungen gelöst, und gerufen hätten: ja, ja, ja!

KUNIGUNDE *steht auf.* Ich danke dir, Mütterchen, für deine Erzählung. Inzwischen nimm diese Ohrringe zum Andenken, und entferne dich.

Brigitte ab.

Zehnter Auftritt

Kunigunde und Rosalie.

KUNIGUNDE *nachdem sie sich im Spiegel betrachtet, geht gedankenlos ans Fenster und öffnet es. – Pause.*
Hast du mir alles dort zurechtgelegt,
Was ich dem Grafen zugedacht, Rosalie?
Urkunden, Briefe, Zeugnisse?

ROSALIE *am Tisch zurückgeblieben.*

Hier sind sie.

In diesem Einschlag liegen sie beisammen.

KUNIGUNDE.

Gib mir doch –

Sie nimmt eine Leimrute, die draußen befestigt ist, herein.

ROSALIE.

Was, mein Fräulein?

KUNIGUNDE *lebhaft.*

Schau, o Mädchen!

Ist dies die Spur von einem Fittich nicht?

ROSALIE *indem sie zu ihr geht.*

Was habt Ihr da?

KUNIGUNDE.

Leimruten, die, ich weiß

Nicht wer? an diesem Fenster aufgestellt!

– Sieh, hat hier nicht ein Fittich schon gestreift?

ROSALIE.

Gewiß! Da ist die Spur. Was war's? Ein Zeisig?

KUNIGUNDE.

Ein Finkenhähnchen war's, das ich vergebens

Den ganzen Morgen schon herangelockt.

ROSALIE.

Seht nur dies Federchen. Das ließ er stecken!

KUNIGUNDE *gedankenvoll.*   170

Gib mir doch –

ROSALIE.

Was, mein Fräulein? Die Papiere?

KUNIGUNDE *lacht und schlägt sie.*

Schelmin! – Die Hirse will ich, die dort steht.

ROSALIE *lacht, und geht und holt die Hirse.*

Eilfter Auftritt

Ein Bedienter tritt auf. Die Vorigen.

DER BEDIENTE.

Graf Wetter vom Strahl, und die Gräfin seine Mutter!

KUNIGUNDE *wirft alles aus der Hand.*
  Rasch! Mit den Sachen weg.
ROSALIE.
  Gleich, gleich!

Sie macht die Toilette zu und geht ab.

KUNIGUNDE.
  Sie werden mir willkommen sein.

Zwölfter Auftritt

Gräfin Helena, der Graf vom Strahl treten auf. Fräulein Kunigunde.

KUNIGUNDE *ihnen entgegen.*
  Verehrungswürd'ge! Meines Retters Mutter,
  Wem dank ich, welchem Umstand, das Vergnügen,
  Daß Ihr mir Euer Antlitz schenkt, daß Ihr
  Vergönnt, die teuren Hände Euch zu küssen?
GRÄFIN.
  Mein Fräulein, Ihr demütigt mich. Ich kam,
  Um Eure Stirn zu küssen, und zu fragen,
  Wie Ihr in meinem Hause Euch befindet?
KUNIGUNDE.
  Sehr wohl. Ich fand hier alles, was ich brauchte.
  Ich hatte nichts von Eurer Huld verdient,
  Und Ihr besorgtet mich, gleich einer Tochter.
  Wenn irgend etwas mir die Ruhe störte
  So war es dies beschämende Gefühl;
  Doch ich bedurfte nur den Augenblick,
  Um diesen Streit in meiner Brust zu lösen.

Sie wendet sich zum Grafen.

  Wie steht's mit Eurer linken Hand, Graf Friedrich?
DER GRAF VOM STRAHL.
  Mit meiner Hand? mein Fräulein! Diese Frage,
  Ist mir empfindlicher als ihre Wunde!
  Der Sattel war's, sonst nichts, an dem ich mich
  Unachtsam stieß, Euch hier vom Pferde hebend.

171

GRÄFIN.

Ward sie verwundet? – Davon weiß ich nichts.

KUNIGUNDE.

Es fand sich, als wir dieses Schloß erreichten,
Daß ihr, in hellen Tropfen, Blut entfloß.

DER GRAF VOM STRAHL.

Die Hand selbst, seht Ihr, hat es schon vergessen.
Wenn's Freiburg war, dem ich im Kampf um Euch,
Dies Blut gezahlt, so kann ich wirklich sagen:
Schlecht war der Preis, um den er Euch verkauft.

KUNIGUNDE.

Ihr denkt von seinem Werte so – nicht ich.

Indem sie sich zur Mutter wendet.

– Doch wie? Wollt Ihr Euch, Gnädigste, nicht setzen?

*Sie holt einen Stuhl, der Graf bringt die andern. Sie lassen sich
sämtlich nieder.*

GRÄFIN.

Wie denkt Ihr, über Eure Zukunft, Fräulein?
Habt Ihr die Lag, in die das Schicksal Euch
Versetzt, bereits erwogen? Wißt Ihr schon,
Wie Euer Herz darin sich fassen wird?

KUNIGUNDE *bewegt.*

Verehrungswürdige und gnäd'ge Gräfin,
Die Tage, die mir zugemessen, denk ich
In Preis und Dank, in immer glühender
Erinnrung dess', was jüngst für mich geschehn,
In unauslöschlicher Verehrung Eurer,
Und Eures Hauses, bis auf den letzten Odem,
Der meine Brust bewegt, wenn's mir vergönnt ist,
In Thurneck bei den Meinen hinzubringen.

Sie weint.

GRÄFIN.

Wann denkt Ihr zu den Euren aufzubrechen?

KUNIGUNDE.

Ich wünsche – weil die Tanten mich erwarten,

– Wenn's sein kann, morgen, – oder mindestens –
In diesen Tagen, abgeführt zu werden.
GRÄFIN.
Bedenkt Ihr auch, was dem entgegensteht?
KUNIGUNDE.
Nichts mehr, erlauchte Frau, wenn Ihr mir nur
Vergönnt, mich offen vor Euch zu erklären.

Sie küßt ihr die Hand; steht auf und holt die Papiere.

Nehmt dies von meiner Hand, Herr Graf vom Strahl.
DER GRAF VOM STRAHL *steht auf.*
Mein Fräulein! Kann ich wissen, was es ist?
KUNIGUNDE.
Die Dokumente sind's, den Streit betreffend,
Um Eure Herrschaft Stauffen, die Papiere
Auf die ich meinen Anspruch gründete.
DER GRAF VOM STRAHL.
Mein Fräulein, Ihr beschämt mich, in der Tat!
Wenn dieses Heft, wie Ihr zu glauben scheint,
Ein Recht begründet: weichen will ich Euch,
Und wenn es meine letzte Hütte gälte!
KUNIGUNDE.
Nehmt, nehmt, Herr Graf vom Strahl! Die Briefe sind
Zweideutig, seh ich ein, der Wiederkauf,
Zu dem sie mich berechtigen, verjährt;
Doch wär mein Recht so klar auch, wie die Sonne,
Nicht gegen Euch mehr kann ich's geltend machen.
DER GRAF VOM STRAHL.
Niemals, mein Fräulein, niemals, in der Tat!
Mit Freuden nehm ich, wollt Ihr mir ihn schenken,
Von Euch den Frieden an; doch, wenn auch nur
Der Zweifel eines Rechts auf Stauffen Euer,
Das Dokument nicht, das ihn Euch belegt!
Bringt Eure Sache vor, bei Kaiser und bei Reich,
Und das Gesetz entscheide, wer sich irrte.
KUNIGUNDE *zur Gräfin.*
Befreit denn Ihr, verehrungswürd'ge Gräfin,
Von diesen leid'gen Dokumenten mich,

173

Die mir in Händen brennen, widerwärtig
Zu dem Gefühl, das mir erregt ist, stimmen,
Und mir auf Gottes weiter Welt zu nichts mehr,
Lebt ich auch neunzig Jahre, helfen können.

GRÄFIN *steht gleichfalls auf.*

Mein teures Fräulein! Eure Dankbarkeit
Führt Euch zu weit. Ihr könnt, was Eurer ganzen
Familie angehört, in einer flüchtigen
Bewegung nicht, die Euch ergriff, veräußern.
Nehmt meines Sohnes Vorschlag an und laßt
In Wetzlar die Papiere untersuchen;
Versichert Euch, Ihr werdet wert uns bleiben,
Man mag auch dort entscheiden, wie man wolle.

KUNIGUNDE *mit Affekt.*

Nun denn, der Anspruch war mein Eigentum!
Ich brauche keinen Vetter zu befragen,
Und meinem Sohn vererb ich einst mein Herz!
Die Herrn in Wetzlar mag ich nicht bemühn:
Hier diese rasche Brust entscheidet so!

Sie zerreißt die Papiere und läßt sie fallen.

GRÄFIN.

Mein liebes, junges, unbesonnes Kind,
Was habt Ihr da getan? – – Kommt her,
Weil's doch geschehen ist, daß ich Euch küsse.

Sie umarmt sie.

KUNIGUNDE.

Ich *will* daß dem Gefühl, das mir entflammt,
Im Busen ist, nichts fürder widerspreche!
Ich *will*, die Scheidewand *soll* niedersinken,
Die zwischen mir und meinem Retter steht!
Ich will mein ganzes Leben ungestört,
Durchatmen, ihn zu preisen, ihn zu lieben.

GRÄFIN *gerührt.*

Gut, gut, mein Töchterchen. Es ist schon gut,
Ihr seid zu sehr erschüttert.

174

DER GRAF VOM STRAHL.

- Ich will wünschen,
Daß diese Tat Euch nie gereuen möge.

Pause.

KUNIGUNDE *trocknet sich die Augen.*

Wann darf ich nun nach Thurneck wiederkehren?

GRÄFIN.

Gleich! Wann Ihr wollt! Mein Sohn selbst wird
Euch führen!

KUNIGUNDE.

So sei's – auf morgen denn!

GRÄFIN.

Gut! Ihr begehrt es.
Obschon ich gern Euch länger bei mir sähe. –
Doch heut bei Tisch noch macht Ihr uns die Freude?

KUNIGUNDE *verneigt sich.*

Wenn ich mein Herz kann sammeln, wart ich auf.

Ab.

Dreizehnter Auftritt

Gräfin Helena. Der Graf vom Strahl.

DER GRAF VOM STRAHL.

So wahr, als ich ein Mann bin, die begehr ich
Zur Frau!

GRÄFIN.

Nun, nun, nun, nun!

DER GRAF VOM STRAHL.

Was! Nicht?
Du willst, daß ich mir eine wählen soll;
Doch die nicht? Diese nicht? Die nicht?

GRÄFIN.

Was willst du?
Ich sagte nicht, daß sie mir ganz mißfällt.

DER GRAF VOM STRAHL.

Ich will auch nicht, daß heut noch Hochzeit sei:

– Sie ist vom Stamm der alten sächs'schen Kaiser.
GRÄFIN.

Und der Silvesternachttraum spricht für sie?

Nicht? Meinst du nicht?
DER GRAF VOM STRAHL.

Was soll ich's bergen: ja!
GRÄFIN.

Laß uns die Sach ein wenig überlegen.

Ab.

Dritter Akt

Szene: Gebirg und Wald. Eine Einsiedelei.

Erster Auftritt

Theobald und Gottfried Friedeborn führen das Käthchen von einem Felsen herab.

THEOBALD. Nimm dich in acht, mein liebes Käthchen; der Gebirgspfad, siehst du, hat eine Spalte. Setze deinen Fuß hier auf diesen Stein, der ein wenig mit Moos bewachsen ist; wenn ich wüßte, wo eine Rose wäre, so wollte ich es dir sagen. – So!

GOTTFRIED. Doch hast wohl Gott, Käthchen, nichts von der Reise anvertraut, die du heut zu tun willens warst? – Ich glaubte, an dem Kreuzweg, wo das Marienbild steht, würden zwei Engel kommen, Jünglinge, von hoher Gestalt, mit schneeweißen Fittichen an den Schultern, und sagen: Ade, Theobald! Ade, Gottfried! Kehrt zurück, von wo ihr gekommen seid; wir werden das Käthchen jetzt auf seinem Wege zu Gott weiter führen. – Doch es war nichts; wir mußten dich ganz bis ans Kloster herbringen.

THEOBALD. Die Eichen sind so still, die auf den Bergen verstreut sind: man hört den Specht, der daran pickt. Ich glaube, sie wissen, daß Käthchen angekommen ist, und lauschen auf das, was sie denkt. Wenn ich mich doch in die Welt auflösen könnte, um es zu erfahren. Harfenklang muß nicht lieblicher sein, als ihr Gefühl; es würde Israel hinweggelockt von David und seinen Zungen neue Psalter gelehrt haben. – Mein liebes Käthchen?

KÄTHCHEN. Mein lieber Vater!

THEOBALD. Sprich ein Wort.

KÄTHCHEN. Sind wir am Ziele?

THEOBALD. Wir sind's. Dort in jenem freundlichen Gebäude, das mit seinen Türmen zwischen die Felsen geklemmt ist, sind die stillen Zellen der frommen Augustinermönche; und hier, der geheiligte Ort, wo sie beten.

KÄTHCHEN. Ich fühle mich matt.

THEOBALD. Wir wollen uns setzen. Komm, gib mir deine Hand, daß ich dich stütze. Hier vor diesem Gitter ist eine Ruhebank, mit kurzem und dichtem Gras bewachsen: schau her, das angenehmste Plätzchen, das ich jemals sah.

Sie setzen sich.

GOTTFRIED. Wie befindest du dich?

KÄTHCHEN. Sehr wohl.

THEOBALD. Du scheinst doch blaß, und deine Stirne ist voll Schweiß?

Pause.

GOTTFRIED. Sonst warst du so rüstig, konntest meilenweit wandern, durch Wald und Feld, und brauchtest nichts, als einen Stein, und das Bündel, das du auf der Schulter trugst, zum Pfühl, um dich wiederherzustellen; und heut bist du so erschöpft, daß es scheint, als ob alle Betten, in welchen die Kaiserin ruht, dich nicht wieder auf die Beine bringen würden.

THEOBALD. Willst du mit etwas erquickt sein.

GOTTFRIED. Soll ich gehen und dir einen Trunk Wasser schöpfen?

THEOBALD. Oder suchen wo dir eine Frucht blüht?

GOTTFRIED. Sprich, mein liebes Käthchen!

KÄTHCHEN. Ich danke dir, lieber Vater.

THEOBALD. Du dankst uns.

GOTTFRIED. Du verschmähst alles.

THEOBALD. Du begehrst nichts, als daß ich ein Ende mache: hingehe und dem Prior Hatto, – meinem alten Freund, sage: der alte Theobald sei da, der sein einzig liebes Kind begraben wolle.

KÄTHCHEN. Mein lieber Vater!

THEOBALD. Nun gut. Es soll geschehn. Doch bevor wir die entscheidenden Schritte tun, die nicht mehr zurückzunehmen sind, will ich dir noch etwas sagen. Ich will dir sagen, was Gottfried und mir eingefallen ist, auf dem Wege hierher, und was, wie uns scheint, ins Werk zu richten notwendig ist, bevor wir den Prior in dieser Sache sprechen. – Willst du es wissen?

KÄTHCHEN. Rede!

THEOBALD. Nun wohlan, so merk auf, und prüfe dein Herz wohl! – Du willst in das Kloster der Ursulinerinnen gehen, das tief im einsamen kieferreichen Gebirge seinen Sitz hat. Die Welt, der liebliche Schauplatz des Lebens, reizt dich nicht mehr; Gottes Antlitz, in Abgezogenheit und Frömmigkeit angeschaut, soll dir Vater, Hochzeit, Kind, und der Kuß kleiner blühender Enkel sein.

KÄTHCHEN. Ja, mein lieber Vater.

THEOBALD *nach einer kurzen Pause.* Wie wär's, wenn du auf ein paar Wochen, da die Witterung noch schön ist, zu dem Gemäuer zurückkehrtest, und dir die Sache ein wenig überlegtest?

KÄTHCHEN. Wie?

THEOBALD. Wenn du wieder hingingst, mein ich, nach der Strahlburg, unter den Holunderstrauch, wo sich der Zeisig das Nest gebaut hat, am Hang des Felsens, du weißt, von wo das Schloß, im Sonnenstrahl funkelnd, über die Gauen des Landes herniederschaut?

KÄTHCHEN. Nein, mein lieber Vater!

THEOBALD. Warum nicht?

KÄTHCHEN. Der Graf, mein Herr, hat es mir verboten.

THEOBALD. Er hat es dir verboten. Gut. Und was er dir verboten hat, das darfst du nicht tun. Doch wie, wenn ich hinginge und ihn bäte, daß er es erlaubte?

KÄTHCHEN. Wie? Was sagst du?

THEOBALD. Wenn ich ihn ersuchte, dir das Plätzchen, wo dir so wohl ist, zu gönnen, und mir die Freiheit würde, dich daselbst mit dem, was du zur Notdurft brauchst, freundlich auszustatten?

KÄTHCHEN. Nein, mein lieber Vater.

THEOBALD. Warum nicht?

KÄTHCHEN *beklemmt.* Das würdest du nicht tun; und wenn du es tätest, so würde es der Graf nicht erlauben; und wenn der Graf es erlaubte, so würd ich doch von seiner Erlaubnis keinen Gebrauch machen.

THEOBALD. Käthchen! Mein liebes Käthchen! Ich will es tun. Ich will mich so vor ihm niederlegen, wie ich es jetzt vor dir tue, und sprechen: mein hoher Herr! erlaubt, daß das Käthchen unter dem Himmel, der über Eure Burg gespannt ist, wohne; reitet Ihr aus, so vergönnt, daß sie Euch von fern, auf einen Pfeilschuß, folge, und räumt ihr, wenn die Nacht kömmt, ein Plätzchen auf dem Stroh ein, das Euren stolzen Rossen untergeschüttet wird. Es ist besser, als daß sie vor Gram vergehe.

KÄTHCHEN *indem sie sich gleichfalls vor ihm niederlegt.* Gott im höchsten Himmel; du vernichtest mich! Du legst mir deine Worte kreuzweis, wie Messer, in die Brust! Ich will jetzt nicht mehr ins

Kloster gehen, nach Heilbronn will ich mit dir zurückkehren, ich will den Grafen vergessen, und, wen du willst, heiraten; müßt auch ein Grab mir, von acht Ellen Tiefe, das Brautbett sein.

THEOBALD *der aufgestanden ist und sie aufhebt.* Bist du mir bös, Käthchen?

KÄTHCHEN. Nein, nein! Was fällt dir ein?

THEOBALD. Ich will dich ins Kloster bringen!

KÄTHCHEN. Nimmer und nimmermehr! Weder auf die Strahlburg, noch ins Kloster! – Schaff mir nur jetzt, bei dem Prior, ein Nachtlager, daß ich mein Haupt niederlege, und mich erhole; mit Tagesanbruch, wenn es sein kann, gehen wir zurück. *Sie weint.*

GOTTFRIED. Was hast du gemacht, Alter?

THEOBALD. Ach! Ich habe sie gekränkt!

GOTTFRIED *klingelt.* Prior Hatto ist zu Hause?

PFÖRTNER *öffnet.* Gelobt sei Jesus Christus!

THEOBALD. In Ewigkeit, Amen!

GOTTFRIED. Vielleicht besinnt sie sich!

THEOBALD. Komm, meine Tochter!

Alle ab.

Szene: Eine Herberge.

Zweiter Auftritt

Der Rheingraf vom Stein und Friedrich von Herrnstadt treten auf, ihnen folgt: Jakob Pech, der Gastwirt. Gefolge von Knechten.

RHEINGRAF *zu dem Gefolge.* Laßt die Pferde absatteln! Stellt Wachen aus, auf dreihundert Schritt um die Herberge, und laßt jeden ein, niemand aus! Füttert und bleibt in den Ställen, und zeigt euch, so wenig es sein kann; wenn Eginhardt mit Kundschaft aus der Thurneck zurückkommt, geb ich euch meine weitern Befehle.

Das Gefolge ab.

Wer wohnt hier?

JAKOB PECH. Halten zu Gnaden, ich und meine Frau, gestrenger Herr.

RHEINGRAF. Und hier?

JAKOB PECH. Vieh.

RHEINGRAF. Wie?

JAKOB PECH. Vieh. – Eine Sau mit ihrem Wurf, halten zu Gnaden; es ist ein Schweinstall, von Latten draußen angebaut.

RHEINGRAF. Gut. – Wer wohnt hier?

JAKOB PECH. Wo?

RHEINGRAF. Hinter dieser dritten Tür?

JAKOB PECH. Niemand, halten zu Gnaden.

RHEINGRAF. Niemand?

JAKOB PECH. Niemand, gestrenger Herr, gewiß und wahrhaftig. Oder vielmehr jedermann. Es geht wieder aufs offne Feld hinaus.

RHEINGRAF. Gut. – Wie heißest du?

JAKOB PECH. Jakob Pech.

RHEINGRAF. Tritt ab, Jakob Pech. – *Der Gastwirt ab.*

RHEINGRAF. Ich will mich hier, wie die Spinne, zusammenknäueln, daß ich aussehe, wie ein Häuflein argloser Staub; und wenn sie im Netz sitzt, diese Kunigunde, über sie herfahren – den Stachel der Rache tief eindrücken in ihre treulose Brust: töten, töten, töten, und ihr Geripppe, als das Monument einer Erzbuhlerin, in dem Gebälke der Steinburg aufbewahren!

FRIEDRICH. Ruhig, ruhig Albrecht! Eginhardt, den du nach Thurneck gesandt hast, ist noch, mit der Bestätigung dessen, was du argwohnst, nicht zurück.

RHEINGRAF. Da hast du recht, Freund; Eginhardt ist noch nicht zurück. Zwar in dem Zettel, den mir die Bübin schrieb, steht: ihre Empfehlung voran; es sei nicht nötig, daß ich mich fürder um sie bemühe; Stauffen sei ihr von dem Grafen vom Strahl, auf dem Wege freundlicher Vermittlung, abgetreten. Bei meiner unsterblichen Seele, hat dies irgendeinen Zusammenhang, der rechtschaffen ist: so will ich es hinunterschlucken, und die Kriegsrüstung, die ich für sie gemacht, wieder auseinandergehen lassen. Doch wenn Eginhardt kommt und mir sagt, was mir das Gerüchte schon gesteckt, daß sie ihm mit ihrer Hand verlobt ist: so will ich meine Artigkeit, wie ein Taschenmesser, zusammenlegen, und ihr die Kriegskosten wieder abjagen: müßt ich sie umkehren, und ihr den Betrag hellerweise aus den Taschen herausschütteln.

Dritter Auftritt

Eginhardt von der Wart tritt auf. Die Vorigen.

RHEINGRAF. Nun, Freund, alle Grüße treuer Brüderschaft über dich!
  – Wie steht's auf dem Schlosse zu Thurneck?

EGINHARDT. Freunde, es ist alles, wie der Ruf uns erzählt! Sie gehen
  mit vollen Segeln auf dem Ozean der Liebe, und ehe der Mond sich
  erneut, sind sie in den Hafen der Ehe eingelaufen.

RHEINGRAF. Der Blitz soll ihre Masten zersplittern, ehe sie ihn erreichen!

FRIEDRICH. Sie sind miteinander verlobt?

EGINHARDT. Mit dürren Worten, glaub ich, nein; doch wenn Blicke
  reden, Mienen schreiben und Händedrücke siegeln können, so sind
  die Ehepakten fertig.

RHEINGRAF. Wie ist es mit der Schenkung von Stauffen zugegangen?
  Das erzähle!

FRIEDRICH. Wann machte er ihr das Geschenk?

EGINHARDT. Ei! Vorgestern, am Morgen ihres Geburtstags, da die
  Vettern ihr ein glänzendes Fest in der Thurneck bereitet hatten. Die
  Sonne schien kaum rötlich auf ihr Lager: da findet sie das Dokument
  schon auf der Decke liegen; das Dokument, versteht mich, in ein
  Briefchen des verliebten Grafen eingewickelt, mit der Versicherung,
  daß es ihr Brautgeschenk sei, wenn sie sich entschließen könne, ihm
  ihre Hand zu geben.

RHEINGRAF. Sie nahm es? Natürlich! Sie stellte sich vor den Spiegel,
  knixte, und nahm es?

EGINHARDT. Das Dokument? Allerdings.

FRIEDRICH. Aber die Hand, die dagegen gefordert ward?

EGINHARDT. O die verweigerte sie nicht.

FRIEDRICH. Was! Nicht?

EGINHARDT. Nein. Gott behüte! Wann hätte sie je einem Freier ihre
  Hand verweigert?

RHEINGRAF. Aber sie hält, wenn die Glocke geht, nicht Wort? 182

EGINHARDT. Danach habt Ihr mich nicht gefragt.

RHEINGRAF. Wie beantwortete sie den Brief?

EGINHARDT. Sie sei so gerührt, daß ihre Augen, wie zwei Quellen,
  niederträufelten, und ihre Schrift ertränkten; – die Sprache, an die

sie sich wenden müsse, ihr Gefühl auszudrücken, sei ein Bettler. – Er habe, auch ohne dieses Opfer, ein ewiges Recht an ihre Dankbarkeit, und es sei, wie mit einem Diamanten, in ihre Brust geschrieben; – kurz, einen Brief voll doppelsinniger Fratzen, der, wie der Schillertaft, zwei Farben spielt, und weder ja sagt, noch nein.

RHEINGRAF. Nun, Freunde; ihre Zauberei geht, mit diesem Kunststück zu Grabe! Mich betrog sie, und keinen mehr; die Reihe derer, die sie am Narrenseil geführt hat, schließt mit mir ab. – Wo sind die beiden reitenden Boten?

FRIEDRICH *in die Tür rufend.* He!

Vierter Auftritt

Zwei Boten treten auf. Die Vorigen.

RHEINGRAF *nimmt zwei Briefe aus dem Collet.* Diese beiden Briefe nehmt ihr – diesen du, diesen du; und tragt sie – diesen hier du an den Dominikanerprior Hatto, verstehst du? Ich würd Glock sieben gegen Abend kommen, und Absolution in seinem Kloster empfangen. Diesen hier du an Peter Quanz, Haushofmeister in der Burg zu Thurneck; Schlag zwölf um Mitternacht stünd ich mit meinem Kriegshaufen vor dem Schloß, und bräche ein. Du gehst nicht eher in die Burg, du, bis es finster ist, und lässest dich vor keinem Menschen sehen; verstehst du mich? – Du brauchst das Tageslicht nicht zu scheuen. – Habt ihr mich verstanden?

DIE BOTEN. Gut.

RHEINGRAF *nimmt ihnen die Briefe wieder aus der Hand.* Die Briefe sind doch nicht verwechselt?

FRIEDRICH. Nein, nein.

RHEINGRAF. Nicht? – – Himmel und Erde!

EGINHARDT. Was gibt's?

RHEINGRAF. Wer versiegelte sie?

FRIEDRICH. Die Briefe?

RHEINGRAF. Ja!

FRIEDRICH. Tod und Verderben! Du versiegeltest sie selbst!

RHEINGRAF *gibt den Boten die Briefe wieder.* Ganz recht! hier, nehmt! Auf der Mühle, beim Sturzbach, werd ich euch erwarten. – Kommt meine Freunde!

Alle ab.

Szene: Thurneck. Ein Zimmer in der Burg.

Fünfter Auftritt

Der Graf vom Strahl sitzt gedankenvoll an einem Tisch, auf welchem zwei Lichter stehen. Er hält eine Laute in der Hand, und tut einige Griffe darauf. Im Hintergrunde, bei seinen Kleidern und Waffen beschäftigt, Gottschalk.

STIMME *von außen.*

Macht auf! Macht auf! Macht auf!

GOTTSCHALK.

Holla! – Wer ruft?

STIMME.

Ich, Gottschalk, bin's; ich bin's, du lieber Gottschalk!

GOTTSCHALK.

Wer?

STIMME.

Ich!

GOTTSCHALK.

Du?

STIMME.

Ja!

GOTTSCHALK.

Wer?

STIMME.

Ich!

DER GRAF VOM STRAHL *legt die Laute weg.*

Die Stimme kenn ich!

GOTTSCHALK.

Mein Seel! Ich hab sie auch schon wo gehört.

STIMME.

Herr Graf vom Strahl! Macht auf! Herr Graf vom Strahl!

DER GRAF VOM STRAHL.

Bei Gott! Das ist –

GOTTSCHALK.

Das ist, so wahr ich lebe –

STIMME.

Das Käthchen ist's! Wer sonst! Das Käthchen ist's,
Das kleine Käthchen von Heilbronn!

DER GRAF VOM STRAHL *steht auf.*

Wie? Was? zum Teufel!

GOTTSCHALK *legt alles aus der Hand.*

Du, Mädel? Was! O Herzensmädel! Du?

Er öffnet die Tür.

DER GRAF VOM STRAHL.

Ward, seit die Welt steht, so etwas –?

KÄTHCHEN *indem sie eintritt.*

Ich bin's.

GOTTSCHALK.

Schaut her, bei Gott! Schaut her, sie ist es selbst!

Sechster Auftritt

Das Käthchen mit einem Brief. Die Vorigen.

DER GRAF VOM STRAHL.

Schmeiß sie hinaus. Ich will nichts von ihr wissen.

GOTTSCHALK.

Was! Hört ich recht –?

KÄTHCHEN.

Wo ist der Graf vom Strahl?

DER GRAF VOM STRAHL.

Schmeiß sie hinaus! Ich will nichts von ihr wissen!

GOTTSCHALK *nimmt sie bei der Hand.*

Wie, gnädiger Herr, vergönnt –!

KÄTHCHEN *reicht ihm den Brief.*

Hier! nehmt, Herr Graf!

DER GRAF VOM STRAHL *sich plötzlich zu ihr wendend.*

Was willst du hier? Was hast du hier zu suchen?

KÄTHCHEN *erschrocken.*

Nichts! – Gott behüte! Diesen Brief hier bitt ich –

DER GRAF VOM STRAHL.

Ich *will* ihn nicht! – Was ist dies für ein Brief?
Wo kommt er her? Und was enthält er mir?

185

KÄTHCHEN.

Der Brief hier ist –

DER GRAF VOM STRAHL.

Ich will davon nichts wissen!

Fort! Gib ihn unten in dem Vorsaal ab.

KÄTHCHEN.

Mein hoher Herr! Laßt bitt ich, Euch bedeuten –

DER GRAF VOM STRAHL *wild.*

Die Dirne, die landstreichend unverschämte!

Ich will nichts von ihr wissen! Hinweg, sag ich!

Zurück nach Heilbronn, wo du hingehörst!

KÄTHCHEN.

Herr meines Lebens! Gleich verlaß ich Euch!

Den Brief nur hier, der Euch sehr wichtig ist,

Erniedrigt Euch, von meiner Hand zu nehmen.

DER GRAF VOM STRAHL.

Ich aber *will* ihn nicht! Ich *mag* ihn nicht!

Fort! Augenblicks! Hinweg!

KÄTHCHEN.

Mein hoher Herr!

DER GRAF VOM STRAHL *wendet sich.*

Die Peitsche her! An welchem Nagel hängt sie?

Ich will doch sehn, ob ich, vor losen Mädchen,

In meinem Haus nicht Ruh mir kann verschaffen.

Er nimmt die Peitsche von der Wand.

GOTTSCHALK.

O gnäd'ger Herr! Was macht Ihr? Was beginnt Ihr?

Warum auch wollt Ihr, den nicht sie verfaßt,

Den Brief, nicht freundlich aus der Hand ihr nehmen?

DER GRAF VOM STRAHL.

Schweig, alter Esel, du, sag ich.

KÄTHCHEN *zu Gottschalk.*

Laß, laß!

DER GRAF VOM STRAHL.

In Thurneck bin ich hier, weiß, was ich tue;

Ich will den Brief aus ihrer Hand nicht nehmen!

– Willst du jetzt gehn?

KÄTHCHEN *rasch.*

Ja, mein verehrter Herr!

DER GRAF VOM STRAHL.

Wohlan!

GOTTSCHALK *halblaut zu Käthchen, da sie zittert.*

Sei ruhig. Fürchte nichts.

DER GRAF VOM STRAHL.

So fern dich! –
Am Eingang steht ein Knecht, dem gib den Brief,
Und kehr des Weges heim, von wo du kamst.

KÄTHCHEN.

Gut, gut. Du wirst mich dir gehorsam finden.
Peitsch mich nur nicht, bis ich mit Gottschalk sprach. –

Sie kehrt sich zu Gottschalk um.

Nimm du den Brief.

GOTTSCHALK.

Gib her, mein liebes Kind.
Was ist dies für ein Brief? Und was enthält er?

KÄTHCHEN.

Der Brief hier ist vom Graf vom Stein, verstehst du?
Ein Anschlag, der noch heut vollführt soll werden,
Auf Thurneck, diese Burg, darin enthalten,
Und auf das schöne Fräulein Kunigunde,
Des Grafen, meines hohen Herren, Braut.

GOTTSCHALK.

Ein Anschlag auf die Burg? Es ist nicht möglich!
Und vom Graf Stein? – Wie kamst du zu dem Brief?

KÄTHCHEN.

Der Brief ward Prior Hatto übergeben,
Als ich mit Vater just, durch Gottes Fügung,
In dessen stiller Klause mich befand.
Der Prior, der verstand den Inhalt nicht,
Und wollt ihn schon dem Boten wiedergeben;
Ich aber riß den Brief ihm aus der Hand,
Und eilte gleich nach Thurneck her, euch alles
Zu melden, in die Harnische zu jagen;
Denn heut, Schlag zwölf um Mitternacht, soll schon

Der mörderische Frevel sich vollstrecken.
GOTTSCHALK.
Wie kam der Prior Hatto zu dem Brief?
KÄTHCHEN.
Lieber, das weiß ich nicht; es ist gleichviel.
Er ist, du siehst, an irgendwen geschrieben,
Der hier im Schloß zu Thurneck wohnhaft ist;
Was er dem Prior soll, begreift man nicht.
Doch daß es mit dem Anschlag richtig ist,
Das hab ich selbst gesehn; denn kurz und gut,
Der Graf zieht auf die Thurneck schon heran:
Ich bin ihm, auf dem Pfad hieher, begegnet.
GOTTSCHALK.
Du siehst Gespenster, Töchterchen!
KÄTHCHEN.
Gespenster! –
Ich sage, nein! So wahr ich Käthchen bin!
Der Graf liegt draußen vor der Burg, und wer
Ein Pferd besteigen will, und um sich schauen,
Der kann den ganzen weiten Wald ringsum
Erfüllt von seinen Reisigen erblicken!
GOTTSCHALK.
– Nehmt doch den Brief, Herr Graf, und seht selbst zu.
Ich weiß nicht, was ich davon denken soll.
DER GRAF VOM STRAHL *legt die Peitsche weg, nimmt den Brief und entfaltet ihn.*
»Um zwölf Uhr, wenn das Glöckchen schlägt, bin ich
Vor Thurneck. Laß die Tore offen sein.
Sobald die Flamme zuckt, zieh ich hinein.
Auf niemand münz ich es, als Kunigunden,
Und ihren Bräutigam, den Graf vom Strahl:
Tu mir zu wissen, Alter, wo sie wohnen.«
GOTTSCHALK.
Ein Höllenfrevel! – Und die Unterschrift?
DER GRAF VOM STRAHL.
Das sind drei Kreuze.

Pause.

Wie stark fandst du den Kriegstroß, Katharina?

KÄTHCHEN.

Auf sechzig Mann, mein hoher Herr, bis siebzig.

DER GRAF VOM STRAHL.

Sahst du ihn selbst den Graf vom Stein?

KÄTHCHEN.

Ihn nicht.

DER GRAF VOM STRAHL.

Wer führte seine Mannschaft an?

KÄTHCHEN.

Zwei Ritter,

Mein hochverehrter Herr, die ich nicht kannte.

DER GRAF VOM STRAHL.

Und jetzt, sagst du, sie lägen vor der Burg?

KÄTHCHEN.

Ja, mein verehrter Herr.

DER GRAF VOM STRAHL.

Wie weit von hier?

KÄTHCHEN.

Auf ein dreitausend Schritt, verstreut im Walde.

DER GRAF VOM STRAHL.

Rechts, auf der Straße?

KÄTHCHEN.

Links, im Föhrengrunde,

Wo überm Sturzbach sich die Brücke baut.

Pause.

GOTTSCHALK.

Ein Anschlag, greuelhaft, und unerhört!

DER GRAF VOM STRAHL *steckt den Brief ein.*

Ruf mir sogleich die Herrn von Thurneck her!

– Wie hoch ist's an der Zeit?

GOTTSCHALK.

Glock halb auf zwölf.

DER GRAF VOM STRAHL.

So ist kein Augenblick mehr zu verlieren.

Er setzt sich den Helm auf.

188

GOTTSCHALK.

Gleich, gleich; ich gehe schon! – Komm, liebes Käthchen,
Daß ich dir das erschöpfte Herz erquicke! –
Wie großen Dank, bei Gott, sind wir dir schuldig?
So in der Nacht, durch Wald und Feld und Tal –
DER GRAF VOM STRAHL.

Hast du mir sonst noch, Jungfrau, was zu sagen?
KÄTHCHEN.

Nein, mein verehrter Herr.
DER GRAF VOM STRAHL.

– Was suchst du da?
KÄTHCHEN *sich in den Busen fassend.*

Den Einschlag, der vielleicht dir wichtig ist.
Ich glaub, ich hab –? Ich glaub, er ist –?

Sie sieht sich um.

DER GRAF VOM STRAHL.

Der Einschlag?
KÄTHCHEN.

Nein, hier.

Sie nimmt das Couvert und gibt es dem Grafen.

DER GRAF VOM STRAHL.

Gib her!

Er betrachtet das Papier.   189

Dein Antlitz speit ja Flammen! –
Du nimmst dir gleich ein Tuch um, Katharina,
Und trinkst nicht ehr, bis du dich abgekühlt.
– Du aber hast keins?
KÄTHCHEN.

Nein –
DER GRAF VOM STRAHL *macht sich die Schärpe los – wendet sich
plötzlich, und wirft sie auf den Tisch.*
So nimm die Schürze.

Nimmt die Handschuh und zieht sie sich an.

Wenn du zum Vater wieder heim willst kehren,
Werd ich, wie sich's von selbst versteht –

Er hält inne.

KÄTHCHEN.
    Was wirst du?
DER GRAF VOM STRAHL *erblickt die Peitsche.*
    Was macht die Peitsche hier?
GOTTSCHALK.
    Ihr selbst ja nahmt sie –!
DER GRAF VOM STRAHL *ergrimmt.*
    Hab ich hier Hunde, die zu schmeißen sind?

Er wirft die Peitsche, daß die Scherben niederklirren, durchs Fenster;
hierauf zu Käthchen.

Pferd' dir, mein liebes Kind, und Wagen geben,
Die sicher nach Heilbronn dich heimgeleiten.
– Wann denkst du heim?
KÄTHCHEN *zitternd.*
    Gleich, mein verehrter Herr.
DER GRAF VOM STRAHL *streichelt ihre Wangen.*
    Gleich nicht! Du kannst im Wirtshaus übernachten.

Er weint.

– Was glotzt er da? Geh, nimm die Scherben auf!

Gottschalk hebt die Scherben auf. Er nimmt die Schärpe vom Tisch,
und gibt sie Käthchen.

Da! Wenn du dich gekühlt, gib mir sie wieder.
KÄTHCHEN *sie will seine Hand küssen.*
    Mein hoher Herr!
DER GRAF VOM STRAHL *wendet sich von ihr ab.*
    Leb wohl! Leb wohl! Leb wohl!

190   *Getümmel und Glockenklang draußen.*

GOTTSCHALK.
    Gott, der Allmächtige!

KÄTHCHEN.
  Was ist? Was gibt's?
GOTTSCHALK.
  Ist das nicht Sturm?
KÄTHCHEN.
  Sturm?
DER GRAF VOM STRAHL.
  Auf! Ihr Herrn von Thurneck!
  Der Rheingraf, beim Lebend'gen, ist schon da!

Alle ab.

Szene: Platz vor dem Schloß. Es ist Nacht. Das Schloß brennt.
Sturmgeläute.

Siebenter Auftritt

EIN NACHTWÄCHTER *tritt auf und stößt ins Horn.* Feuer! Feuer!
Feuer! Erwacht ihr Männer von Thurneck, ihr Weiber und Kinder
des Fleckens erwacht! Werft den Schlaf nieder, der, wie ein Riese,
über euch liegt; besinnt euch, ersteht und erwacht! Feuer! Der Frevel
zog auf Socken durchs Tor! Der Mord steht, mit Pfeil und Bogen,
mitten unter euch, und die Verheerung, um ihm zu leuchten, schlägt
ihre Fackel an alle Ecken der Burg! Feuer! Feuer! O daß ich eine
Lunge von Erz und ein Wort hätte, das sich mehr schreien ließe, als
dies: Feuer! Feuer! Feuer!

Achter Auftritt

*Der Graf vom Strahl. Die drei Herren von Thurneck. Gefolge. Der
Nachtwächter.*

DER GRAF VOM STRAHL. Himmel und Erde! Wer steckte das Schloß
  in Brand? – Gottschalk!
GOTTSCHALK *außerhalb der Szene.* He!
DER GRAF VOM STRAHL. Mein Schild, meine Lanze!
RITTER VON THURNECK. Was ist geschehn?
DER GRAF VOM STRAHL. Fragt nicht, nehmt was hier steht, fliegt
  auf die Wälle, kämpft und schlagt um euch, wie angeschossene Eber!
RITTER VON THURNECK. Der Rheingraf ist vor den Toren?

DER GRAF VOM STRAHL. Vor den Toren, ihr Herrn, und ehe ihr den Riegel vorschiebt, drin: Verräterei, im Innern des Schlosses, hat sie ihm geöffnet!

RITTER VON THURNECK. Der Mordanschlag, der unerhörte! – Auf!

Ab mit Gefolge.

DER GRAF VOM STRAHL. Gottschalk!

GOTTSCHALK *außerhalb.* He!

DER GRAF VOM STRAHL. Mein Schwert! Mein Schild! meine Lanze.

Neunter Auftritt

Das Käthchen tritt auf. Die Vorigen.

KÄTHCHEN *mit Schwert, Schild und Lanze.* Hier!

DER GRAF VOM STRAHL *indem er das Schwert nimmt und es sich umgürtet.* Was willst du?

KÄTHCHEN. Ich bringe dir die Waffen.

DER GRAF VOM STRAHL. Dich rief ich nicht!

KÄTHCHEN. Gottschalk rettet.

DER GRAF VOM STRAHL. Warum schickt er den Buben nicht? – Du dringst dich schon wieder auf?

Der Nachtwächter stößt wieder ins Horn.

Zehnter Auftritt

Ritter Flammberg mit Reisigen. Die Vorigen.

FLAMMBERG. Ei, so blase du, daß dir die Wangen bersten! Fische und Maulwürfe wissen, daß Feuer ist, was braucht es deines gotteslästerlichen Gesangs, um es uns zu verkündigen?

DER GRAF VOM STRAHL. Wer da?

FLAMMBERG. Strahlburgische!

DER GRAF VOM STRAHL. Flammberg?

FLAMMBERG. Er selbst!

DER GRAF VOM STRAHL. Tritt heran! – Verweil hier, bis wir erfahren, wo der Kampf tobt!

Eilfter Auftritt

Die Tanten von Thurneck treten auf. Die Vorigen.

ERSTE TANTE. Gott helf uns!

DER GRAF VOM STRAHL. Ruhig, ruhig.

ZWEITE TANTE. Wir sind verloren! Wir sind gespießt.

DER GRAF VOM STRAHL. Wo ist Fräulein Kunigunde, eure Nichte?

DIE TANTEN. Das Fräulein, unsre Nichte?

KUNIGUNDE *im Schloß.* Helft! Ihr Menschen! Helft!

DER GRAF VOM STRAHL. Gott im Himmel! War das nicht ihre
   Stimme? *Er gibt Schild und Lanze an Käthchen.*

ERSTE TANTE. Sie rief! – Eilt, eilt!

ZWEITE TANTE. Dort erscheint sie im Portal!

ERSTE TANTE. Geschwind! Um aller Heiligen! Sie wankt, sie fällt!

ZWEITE TANTE. Eilt sie zu unterstützen! 193

Zwölfter Auftritt

Kunigunde von Thurneck. Die Vorigen.

DER GRAF VOM STRAHL *empfängt sie in seinen Armen.*
   Meine Kunigunde!

KUNIGUNDE *schwach.*
   Das Bild, das Ihr mir jüngst geschenkt, Graf Friedrich!
   Das Bild mit dem Futtral!

DER GRAF VOM STRAHL.
   Was soll's? Wo ist's?

KUNIGUNDE.
   Im Feu'r! Weh mir! Helft! Rettet! Es verbrennt.

DER GRAF VOM STRAHL.
   Laßt, laßt! Habt Ihr mich selbst nicht, Teuerste?

KUNIGUNDE.
   Das Bild mit dem Futtral, Herr Graf vom Strahl!
   Das Bild mit dem Futtral!

KÄTHCHEN *tritt vor.*
   Wo liegt's, wo steht's?

   Sie gibt Schild und Lanze an Flammberg.

KUNIGUNDE.

Im Schreibtisch! Hier, mein Goldkind, ist der Schlüssel!

Käthchen geht.

DER GRAF VOM STRAHL.

Hör; Käthchen!

KUNIGUNDE.

Eile!

DER GRAF VOM STRAHL.

Hör, mein Kind!

KUNIGUNDE.

Hinweg!

Warum auch stellt Ihr wehrend Euch –?

DER GRAF VOM STRAHL.

Mein Fräulein,

Ich will zehn andre Bilder Euch statt dessen –

KUNIGUNDE *unterbricht ihn.*

Dies brauch ich, dies; sonst keins! – Was es mir gilt,

Ist hier der Ort jetzt nicht, Euch zu erklären. –

Geh, Mädchen geh, schaff Bild mir und Futtral:

Mit einem Diamanten lohn ich's dir!

DER GRAF VOM STRAHL.

Wohlan, so schaff's! Es ist der Törin recht!

194   Was hatte sie an diesem Ort zu suchen?

KÄTHCHEN.

Das Zimmer – rechts?

KUNIGUNDE.

Links, Liebchen; eine Treppe,

Dort, wo der Altan, schau, den Eingang ziert!

KÄTHCHEN.

Im Mittelzimmer?

KUNIGUNDE.

In dem Mittelzimmer!

Du fehlst nicht, lauf; denn die Gefahr ist dringend!

KÄTHCHEN.

Auf! Auf! Mit Gott! Mit Gott! Ich bring es Euch!

Ab.

Dreizehnter Auftritt

Die Vorigen, ohne Käthchen.

DER GRAF VOM STRAHL.

Ihr Leut, hier ist ein Beutel Gold für den,
Der in das Haus ihr folgt!

KUNIGUNDE.

Warum? Weshalb?

DER GRAF VOM STRAHL.

Veit Schmidt! Hans, du! Karl Böttiger! Fritz Töpfer!
Ist niemand unter euch?

KUNIGUNDE.

Was fällt Euch ein?

DER GRAF VOM STRAHL.

Mein Fräulein, in der Tat, ich muß gestehn –

KUNIGUNDE.

Welch ein besondrer Eifer glüht Euch an? –
Was ist dies für ein Kind?

DER GRAF VOM STRAHL.

– Es ist die Jungfrau,
Die heut mit so viel Eifer uns gedient.

KUNIGUNDE.

Bei Gott, und wenn's des Kaisers Tochter wäre!
– Was fürchtet Ihr? Das Haus, wenn es gleich brennt,
Steht, wie ein Fels, auf dem Gebälke noch;
Sie wird, auf diesem Gang, nicht gleich verderben.
Die Treppe war noch unberührt vom Strahl;
Rauch ist das einz'ge Übel, das sie findet.

KÄTHCHEN *erscheint in einem brennenden Fenster.*

Mein Fräulein! He! Hilf Gott! Der Rauch erstickt mich!
– Es ist der rechte Schlüssel nicht.   195

DER GRAF VOM STRAHL *zu Kunigunden.*

Tod und Teufel!
Warum regiert ihr Eure Hand nicht besser?

KUNIGUNDE.

Der rechte Schlüssel nicht?

KÄTHCHEN *mit schwacher Stimme.*

Hilf Gott! Hilf Gott!

DER GRAF VOM STRAHL.

Komm herab, mein Kind!

KUNIGUNDE.

Laßt, laßt!

DER GRAF VOM STRAHL.

Komm herab, sag ich!

Was sollst du ohne Schlüssel dort? Komm herab!

KUNIGUNDE.

Laßt einen Augenblick –!

DER GRAF VOM STRAHL.

Wie? Was, zum Teufel!

KUNIGUNDE.

Der Schlüssel, liebes Herzens – Töchterchen,

Hängt, jetzt erinnr ich mich's, am Stift des Spiegels,

Der überm Putztisch glänzend eingefugt!

KÄTHCHEN.

Am Spiegelstift?

DER GRAF VOM STRAHL.

Beim Gott der Welt! Ich wollte,

Er hätte nie gelebt, der mich gezeichnet,

Und er, der mich gemacht hat, obenein!

– So such!

KUNIGUNDE.

Mein Augenlicht! Am Putztisch, hörst du?

KÄTHCHEN *indem sie das Fenster verläßt.*

Wo ist der Putztisch? Voller Rauch ist alles.

DER GRAF VOM STRAHL.

Such!

KUNIGUNDE.

An der Wand rechts.

KÄTHCHEN *unsichtbar.*

Rechts?

DER GRAF VOM STRAHL.

Such, sag ich!

KÄTHCHEN *schwach.*

Hilf Gott! Hilf Gott! Hilf Gott!

DER GRAF VOM STRAHL.

Ich sage, such! –

Verflucht die hündische Dienstfertigkeit!

FLAMMBERG.

Wenn sie nicht eilt: das Haus stürzt gleich zusammen!

DER GRAF VOM STRAHL.

Schafft eine Leiter her!

KUNIGUNDE.

Wie, mein Geliebter?

DER GRAF VOM STRAHL.

Schafft eine Leiter her! Ich will hinauf.

KUNIGUNDE.

Mein teurer Freund! Ihr selber wollt –?

DER GRAF VOM STRAHL.

Ich bitte!

Räumt mir den Platz! Ich will das Bild Euch schaffen.

KUNIGUNDE.

Harrt einen Augenblick noch, ich beschwör Euch.

Sie bringt es gleich herab.

DER GRAF VOM STRAHL.

Ich sage, laßt mich! –

Putztisch und Spiegel ist, und Nagelstift,

Ihr unbekannt, mir nicht; ich find's heraus,

Das Bild von Kreid und Öl auf Leinewand,

Und bring's Euch her, nach Eures Herzens Wunsch.

Vier Knechte bringen eine Feuerleiter.

– Hier! Legt die Leiter an!

ERSTER KNECHT *vorn, indem er sich umsieht.*

Holla! Da hinten!

EIN ANDERER *zum Grafen.*

Wo?

DER GRAF VOM STRAHL.

Wo das Fenster offen ist.

DIE KNECHTE *heben die Leiter auf.*

O ha!

DER ERSTE *vorn.*

Blitz! Bleibt zurück, ihr hinten da! Was macht ihr?

Die Leiter ist zu lang!

DIE ANDEREN *hinten.*

Das Fenster ein!

Das Kreuz des Fensters eingestoßen! So!

FLAMMBERG *der mit geholfen.*

Jetzt steht die Leiter fest und rührt sich nicht!

DER GRAF VOM STRAHL *wirft sein Schwert weg.*

Wohlan denn!

KUNIGUNDE.

Mein Geliebter! Hört mich an!

DER GRAF VOM STRAHL.

Ich bin gleich wieder da!

Er setzt einen Fuß auf die Leiter.

FLAMMBERG *aufschreiend.*

Halt! Gott im Himmel!

KUNIGUNDE *eilt erschreckt von der Leiter weg.*

Was gibt's?

DIE KNECHTE.

Das Haus sinkt! Fort zurücke!

ALLE.

Heiland der Welt! Da liegt's in Schutt und Trümmern!

*Das Haus sinkt zusammen, der Graf wendet sich, und drückt beide
Hände vor die Stirne; alles, was auf der Bühne ist, weicht zurück
und wendet sich gleichfalls ab. – Pause.*

Vierzehnter Auftritt

*Käthchen tritt rasch, mit einer Papierrolle, durch ein großes Portal,
das stehen geblieben ist, auf; hinter ihr ein Cherub in der Gestalt
eines Jünglings, von Licht umflossen, blondlockig, Fittiche an den
Schultern und einen Palmzweig in der Hand.*

KÄTHCHEN *sowie sie aus dem Portal ist, kehrt sie sich, und stürzt vor
ihm nieder.*

Schirmt mich, ihr Himmlischen! Was widerfährt mir?

DER CHERUB *berührt ihr Haupt mit der Spitze des Palmenzweigs, und
verschwindet.*

Pause.

Funfzehnter Auftritt

Die Vorigen ohne den Cherub.

KUNIGUNDE *sieht sich zuerst um.*

Nun, beim lebend'gen Gott, ich glaub, ich träume! –
Mein Freund! Schaut her!

DER GRAF VOM STRAHL *vernichtet.*

Flammberg!

Er stützt sich auf seine Schulter.

KUNIGUNDE.

Ihr Vettern! Tanten! –
Herr Graf! so hört doch an!

DER GRAF VOM STRAHL *schiebt sie von sich.*

Geht, geht! – – Ich bitt Euch!

KUNIGUNDE.

Ihr Toren! Seid ihr Säulen Salz geworden?
Gelöst ist alles glücklich.

DER GRAF VOM STRAHL *mit abgewandtem Gesicht.*

Trostlos mir!
Die Erd hat nichts mehr Schönes. Laßt mich sein.

FLAMMBERG *zu den Knechten.*

Rasch, Brüder, rasch!

EIN KNECHT.

Herbei, mit Hacken, Spaten!

EIN ANDERER.

Laßt uns den Schutt durchsuchen, ob sie lebt!

KUNIGUNDE *scharf.*

Die alten, bärt'gen Gecken, die! das Mädchen,
Das sie verbrannt zu Feuersasche glauben,
Frisch und gesund am Boden liegt sie da,
Die Schürze kichernd vor dem Mund, und lacht!

DER GRAF VOM STRAHL *wendet sich.*

Wo?

KUNIGUNDE.

Hier!

FLAMMBERG.

Nein, sprecht! Es ist nicht möglich.

DIE TANTEN.

Das Mädchen wär –?

ALLE.

O Himmel! Schaut! Da liegt sie.

DER GRAF VOM STRAHL *tritt zu ihr und betrachtet sie.*

Nun über dich schwebt Gott mit seinen Scharen!

Er erhebt sie vom Boden.

Wo kommst du her?

KÄTHCHEN.

Weiß nit, mein hoher Herr.

DER GRAF VOM STRAHL.

Hier stand ein Haus, dünkt mich, und du warst drin.

– Nicht? War's nicht so?

FLAMMBERG.

– Wo warst du, als es sank?

KÄTHCHEN.

Weiß nit, ihr Herren, was mir widerfahren.

Pause.

DER GRAF VOM STRAHL.

Und hat noch obenein das Bild.

Er nimmt ihr die Rolle aus der Hand.

KUNIGUNDE *reißt sie an sich.*

Wo?

DER GRAF VOM STRAHL.

Hier.

KUNIGUNDE *erblaßt.*

DER GRAF VOM STRAHL.

Nicht? Ist's das Bild nicht? – Freilich!

DIE TANTEN.

Wunderbar!

FLAMMBERG.

Wer gab dir es? Sag an!

KUNIGUNDE *indem sie ihr mit der Rolle einen Streich auf die Backen gibt.*

Die dumme Trine!

Hatt ich ihr nicht gesagt, das Futteral?

DER GRAF VOM STRAHL.

Nun, beim gerechten Gott, das muß ich sagen –!

– Ihr wolltet das Futtral?

KUNIGUNDE.

Ja und nichts anders!

Ihr hattet Euren Namen drauf geschrieben;

Es war mir wert, ich hatt's ihr eingeprägt.

DER GRAF VOM STRAHL.

Wahrhaftig, wenn es sonst nichts war –

KUNIGUNDE.

So? Meint Ihr?

Das kommt zu prüfen *mir* zu, und nicht *Euch*.

DER GRAF VOM STRAHL.

Mein Fräulein, Eure Güte macht mich stumm.

KUNIGUNDE *zu Käthchen.*

Warum nahmst du's heraus, aus dem Futteral?

DER GRAF VOM STRAHL.

Warum nahmst du's heraus, mein Kind?

KÄTHCHEN.

Das Bild?

DER GRAF VOM STRAHL.

Ja!

KÄTHCHEN.

Ich nahm es nicht heraus, mein hoher Herr.

Das Bild, halb aufgerollt, im Schreibtischwinkel,

Den ich erschloß, lag neben dem Futtral.

KUNIGUNDE.

Fort! – das Gesicht der Äffin!

DER GRAF VOM STRAHL.

Kunigunde! –

KÄTHCHEN.

Hätt ich's hinein erst wieder ordentlich

In das Futtral –?

DER GRAF VOM STRAHL.

Nein, nein, mein liebes Käthchen!

Ich lobe dich, du hast es recht gemacht.

Wie konntest du den Wert der Pappe kennen?

KUNIGUNDE.

Ein Satan leitet' ihr die Hand!

DER GRAF VOM STRAHL.

Sei ruhig! –

Das Fräulein meint es nicht so bös. – Tritt ab.

KÄTHCHEN.

Wenn *du* mich nur nicht schlägst, mein hoher Herr!

*Sie geht zu Flammberg und mischt sich im Hintergrund unter die
Knechte.*

Sechzehnter Auftritt

Die Herren von Thurneck. Die Vorigen.

RITTER VON THURNECK.

Triumph, ihr Herrn! Der Sturm ist abgeschlagen!

Der Rheingraf zieht mit blut'gem Schädel heim!

FLAMMBERG.

Was! Ist er fort?

VOLK.

Heil, Heil!

DER GRAF VOM STRAHL.

Zu Pferd, zu Pferd!

Laßt uns den Sturzbach ungesäumt erreichen,

So schneiden wir die ganze Rotte ab!

Alle ab.

Vierter Akt

Szene: Gegend im Gebirg, mit Wasserfällen und einer Brücke.

Erster Auftritt

Der Rheingraf vom Stein, zu Pferd, zieht mit einem Troß Fußvolk über die Brücke. Ihnen folgt der Graf vom Strahl zu Pferd; bald darauf Ritter Flammberg mit Knechten und Reisigen zu Fuß. Zuletzt Gottschalk, gleichfalls zu Pferd, neben ihm das Käthchen.

RHEINGRAF *zu dem Troß.* Über die Brücke, Kinder, über die Brücke! Dieser Wetter vom Strahl kracht, wie vom Sturmwind getragen, hinter uns drein; wir müssen die Brücke abwerfen, oder wir sind alle verloren! *Er reitet über die Brücke.*

KNECHTE DES RHEINGRAFEN *folgen ihm.* Reißt die Brücke nieder! *Sie werfen die Brüche ab.*

DER GRAF VOM STRAHL *erscheint in der Szene, sein Pferd tummelnd.* Hinweg! – Wollt ihr den Steg unberührt lassen?

KNECHTE DES RHEINGRAFEN *schießen mit Pfeilen auf ihn.* Hei! Diese Pfeile zur Antwort dir!

DER GRAF VOM STRAHL *wendet das Pferd.* Meuchelmörder! – He! Flammberg!

KÄTHCHEN *hält eine Rolle in die Höhe.* Mein hoher Herr!

DER GRAF VOM STRAHL *zu Flammberg.* Die Schützen her!

RHEINGRAF *über den Fluß rufend.* Auf Wiedersehn, Herr Graf! Wenn Ihr schwimmen könnt, so schwimmt; auf der Steinburg, diesseits der Brücke, sind wir zu finden. 202

Ab mit dem Troß.

DER GRAF VOM STRAHL. Habt Dank ihr Herrn! Wenn der Fluß trägt, so sprech ich bei euch ein! *Er reitet hindurch.*

EIN KNECHT *aus seinem Troß.* Halt! zum Henker! nehmt Euch in acht!

KÄTHCHEN *am Ufer zurückbleibend.* Herr Graf vom Strahl!

EIN ANDERER KNECHT. Schafft Balken und Bretter her!

RITTER FLAMMBERG. Was! bist du ein Jud?

ALLE. Setzt hindurch! Setzt hindurch! *Sie folgen ihm.*

DER GRAF VOM STRAHL. Folgt! Folgt! Es ist ein Forellenbach, weder breit noch tief! So recht! So recht! Laßt uns das Gesindel völlig in die Pfanne hauen!

Ab mit dem Troß.

KÄTHCHEN. Herr Graf vom Strahl! Herr Graf vom Strahl!

GOTTSCHALK *wendet mit dem Pferde um.* Ja, was lärmst und schreist du? – Was hast du hier im Getümmel zu suchen? Warum läufst du hinter uns drein?

KÄTHCHEN *hält sich an einem Stamm.* Himmel!

GOTTSCHALK *indem er absteigt.* Komm! Schürz und schwinge dich! Ich will das Pferd an die Hand nehmen, und dich hindurchführen.

DER GRAF VOM STRAHL *hinter der Szene.* Gottschalk!

GOTTSCHALK. Gleich, gnädiger Herr, gleich! Was befehlt Ihr?

DER GRAF VOM STRAHL. Meine Lanze will ich haben!

GOTTSCHALK *hilft das Käthchen in den Steigbügel.* Ich bringe sie schon!

KÄTHCHEN. Das Pferd ist scheu.

GOTTSCHALK *reißt das Pferd in den Zügel.* Steh, Mordmähre! – – – So zieh dir Schuh und Strümpfe aus!

KÄTHCHEN *setzt sich auf einen Stein.* Geschwind!

DER GRAF VOM STRAHL *außerhalb.* Gottschalk!

GOTTSCHALK. Gleich, gleich! Ich bringe die Lanze schon. – Was hast du denn da in der Hand?

KÄTHCHEN *indem sie sich auszieht.* Das Futteral, Lieber, das gestern – nun!

GOTTSCHALK. Was! Das im Feuer zurück blieb?

KÄTHCHEN. Freilich! Um das ich gescholten ward. Früh morgens, im Schutt, heut sucht ich nach und durch Gottes Fügung – – nun, so! *Sie zerrt sich am Strumpf.*

GOTTSCHALK. Je, was der Teufel! *Er nimmt es ihr aus der Hand.* Und unversehrt, bei meiner Treu, als wär's Stein! – Was steckt denn drin?

KÄTHCHEN. Ich weiß nicht.

GOTTSCHALK *nimmt ein Blatt heraus.* »Akte, die Schenkung, Stauffen betreffend, von Friedrich Grafen vom Strahl« – Je, verflucht!

DER GRAF VOM STRAHL *draußen.* Gottschalk!

GOTTSCHALK. Gleich, gnädiger Herr, gleich!

KÄTHCHEN *steht auf.* Nun bin ich fertig!

GOTTSCHALK. Nun, das mußt du dem Grafen geben! *Er gibt ihr das Futtral wieder.* Komm, reich mir die Hand, und folg mir! *Er führt sie und das Pferd durch den Bach.*

KÄTHCHEN *mit dem ersten Schritt ins Wasser.* Ah!

GOTTSCHALK. Du mußt dich ein wenig schürzen.

KÄTHCHEN. Nun, beileibe, schürzen nicht! *Sie steht still.*

GOTTSCHALK. Bis an den Zwickel nur, Käthchen!

KÄTHCHEN. Nein! Lieber such ich mir einen Steg! *Sie kehrt um.*

GOTTSCHALK *hält sie.* Bis an den Knöchel nur, Kind! bis an die äußerste, unterste Kante der Sohle!

KÄTHCHEN. Nein, nein, nein, nein; ich bin gleich wieder bei dir! *Sie macht sich los, und läuft weg.*

GOTTSCHALK *kehrt aus dem Bach zurück, und ruft ihr nach.* Käthchen! Käthchen! Ich will mich umkehren! Ich will mir die Augen zuhalten! Käthchen! Es ist kein Steg auf Meilenweite zu finden! – – Ei so wollt ich, daß ihr der Gürtel platzte! Da läuft sie am Ufer entlang, der Quelle zu, den weißen schroffen Spitzen der Berge; mein Seel, wenn sich kein Fährmann ihrer erbarmt, so geht sie verloren! 204

DER GRAF VOM STRAHL *draußen.* Gottschalk! Himmel und Erde! Gottschalk!

GOTTSCHALK. Ei, so schrei du! – – Hier, gnädiger Herr; ich komme schon. *Er leitet sein Pferd mürrisch durch den Bach. Ab.*

Szene: Schloß Wetterstrahl. Platz, dicht mit Bäumen bewachsen, am äußeren zerfallenen Mauernring der Burg. Vorn ein Holunderstrauch, der eine Art von natürlicher Laube bildet, worunter von Feldsteinen, mit einer Strohmatte bedeckt, ein Sitz. An den Zweigen sieht man ein Hemdchen und ein Paar Strümpfe usw. zum Trocknen aufgehängt.

Zweiter Auftritt

Käthchen liegt und schläft. Der Graf vom Strahl tritt auf.

DER GRAF VOM STRAHL *indem er das Futeral in den Busen steckt.* Gottschalk, der mir dies Futteral gebracht, hat mir gesagt, das Käthchen wäre wieder da. Kunigunde zog eben, weil ihre Burg niedergebrannt ist, in die Tore der meinigen ein; da kommt er und spricht: unter dem Holunderstrauch läge sie wieder da, und schliefe; und bat mich, mit tränenden Augen, ich möchte ihm doch erlauben, sie in den Stall zu nehmen. Ich sagte, bis der alte Vater, der Theobald sich aufgefunden, würd ich ihr in der Herberge ein Unterkommen verschaffen; und indessen hab ich mich herabgeschlichen, um einen Entwurf mit ihr auszuführen. Ich *kann* diesem Jammer nicht mehr zusehen. Dies Mädchen, bestimmt, den herrlichsten Bürger von Schwaben zu beglücken, wissen will ich, warum ich verdammt bin, sie einer Metze gleich, mit mir herumzuführen; wissen, warum sie hinter mir herschreitet, einem Hunde gleich, durch Feuer und Wasser, mir Elenden, der nichts für sich hat, als das Wappen auf seinem Schild. – Es ist mehr, als der bloße sympathetische Zug des Herzens; es ist irgend von der Hölle angefacht, ein Wahn, der in ihrem Busen sein Spiel treibt. Sooft ich sie gefragt habe: Käthchen! Warum erschrakst du doch so, als du mich zuerst in Heilbronn sahst? hat sie mich immer zerstreut angesehen, und dann geantwortet: Ei, gestrenger Herr! Ihr wißt's ja! – – – Dort ist sie! – Wahrhaftig, wenn ich sie so daliegen sehe, mit roten Backen und verschränkten Händchen, so kommt die ganze Empfindung der Weiber über mich, und macht meine Tränen fließen. Ich will gleich sterben, wenn sie mir nicht die Peitsche vergeben hat – ach! was sag ich? wenn sie nicht im Gebet für mich, der sie mißhandelte, eingeschlafen! – – – Doch rasch, ehe Gottschalk kommt, und mich stört. Dreierlei hat er mir gesagt: einmal, daß sie einen Schlaf hat, wie ein Murmeltier; zweitens, daß sie, wie ein Jagdhund, immer träumt, und drittens, daß sie im Schlaf spricht; und auf diese Eigenschaften hin, will ich meinen Versuch gründen. – Tue ich eine Sünde, so mag sie mir Gott verzeihen.

Er läßt sich auf Knien vor ihr nieder und legt seine beiden Arme
sanft um ihren Leib. – Sie macht eine Bewegung, als ob sie erwachen
wollte, liegt aber gleich wieder still.

DER GRAF VOM STRAHL.
Käthchen! Schläfst du?
KÄTHCHEN.
Nein, mein verehrter Herr.

Pause.

DER GRAF VOM STRAHL.
Und doch hast du die Augenlider zu.

KÄTHCHEN.

Die Augenlider?

DER GRAF VOM STRAHL.

Ja; und fest, dünkt mich.

KÄTHCHEN.

– Ach, geh!

DER GRAF VOM STRAHL.

Was! Nicht? Du hättst die Augen auf?

KÄTHCHEN.

Groß auf, so weit ich kann, mein bester Herr;
Ich sehe dich ja, wie du zu Pferde sitzest.

DER GRAF VOM STRAHL.

So! – Auf dem Fuchs – nicht?

KÄTHCHEN.

Nicht doch! Auf dem Schimmel.

Pause.

DER GRAF VOM STRAHL.

Wo bist du denn, mein Herzchen? Sag mir an.

KÄTHCHEN.

Auf einer schönen grünen Wiese bin ich,
Wo alles bunt und voller Blumen ist.

DER GRAF VOM STRAHL.

Ach, die Vergißmeinnicht! Ach, die Kamillen!

KÄTHCHEN.

Und hier die Veilchen; schau! ein ganzer Busch.

DER GRAF VOM STRAHL.

Ich will vom Pferde niedersteigen, Käthchen,
Und mich ins Gras ein wenig zu dir setzen.
– Soll ich?

KÄTHCHEN.

Das tu, mein hoher Herr.

DER GRAF VOM STRAHL *als ob er riefe.*

He, Gottschalk! –
Wo laß ich doch das Pferd? – Gottschalk! Wo bist du?

KÄTHCHEN.

Je, laß es stehn. Die Liese läuft nicht weg.

DER GRAF VOM STRAHL *lächelt.*

Meinst du? – Nun denn, so sei's!

Pause.

Er rasselt mit seiner Rüstung.

Mein liebes Käthchen!

Er faßt ihre Hand.

KÄTHCHEN.

Mein hoher Herr.

DER GRAF VOM STRAHL.

Du bist mir wohl recht gut.

KÄTHCHEN.

Gewiß! Von Herzen.

DER GRAF VOM STRAHL.

Aber ich – was meinst du?

Ich nicht.

KÄTHCHEN *lächelnd.*

O Schelm!

DER GRAF VOM STRAHL.

Was, Schelm! Ich hoff –?

KÄTHCHEN.

O geh! –

Verliebt ja, wie ein Käfer, bist du mir.

DER GRAF VOM STRAHL.

Ein Käfer! Was! Ich glaub du bist –?

KÄTHCHEN.

Was sagst du?

DER GRAF VOM STRAHL *mit einem Seufzer.*

Ihr Glaub ist, wie ein Turm, so fest gegründet! –

Sei's! Ich ergebe mich darin. – Doch, Käthchen,

Wenn's ist, wie du mir sagst –

KÄTHCHEN.

Nun? Was beliebt?

DER GRAF VOM STRAHL.

Was, sprich, was soll draus werden?

KÄTHCHEN.

Was draus soll werden?

DER GRAF VOM STRAHL.

Ja! hast du's schon bedacht?

KÄTHCHEN.

Je, nun.

DER GRAF VOM STRAHL.

– Was heißt das?

KÄTHCHEN.

Zu Ostern, übers Jahr, wirst du mich heuern.

DER GRAF VOM STRAHL *das Lachen verbeißend.*

So! Heuern! In der Tat! Das wußt ich nicht!

Kathrinchen, schau! – Wer hat dir das gesagt?

KÄTHCHEN.

Das hat die Mariane mir gesagt.

DER GRAF VOM STRAHL.

So! Die Mariane! Ei! – Wer ist denn das?

KÄTHCHEN.

Das ist die Magd, die sonst das Haus uns fegte.

DER GRAF VOM STRAHL.

Und die, die wußt es wiederum – von wem?

KÄTHCHEN.

Die sah's im Blei, das sie geheimnisvoll

In der Silvesternacht, mir zugegossen.

DER GRAF VOM STRAHL.

Was du mir sagst! Da prophezeite sie –?

KÄTHCHEN.

Ein großer, schöner Ritter würd mich heuern.

DER GRAF VOM STRAHL.

Und nun meinst du so frischweg, das sei ich?

KÄTHCHEN.

Ja, mein verehrter Herr.

Pause.

208

DER GRAF VOM STRAHL *gerührt.*

– Ich will dir sagen,

Mein Kind, ich glaub, es ist ein anderer.

Der Ritter Flammberg. Oder sonst. Was meinst du?

KÄTHCHEN.

Nein, nein!

DER GRAF VOM STRAHL.

Nicht?

KÄTHCHEN.

Nein, nein, nein!

DER GRAF VOM STRAHL.

Warum nicht? Rede!

KÄTHCHEN.

– Als ich zu Bett ging, da das Blei gegossen,
In der Silvesternacht, bat ich zu Gott,
Wenn's wahr wär, was mir die Mariane sagte,
Möcht er den Ritter mir im Traume zeigen.
und da erschienst du ja, um Mitternacht,
Leibhaftig, wie ich jetzt dich vor mir sehe,
Als deine Braut mich liebend zu begrüßen.

DER GRAF VOM STRAHL.

Ich wär dir –? Herzchen! Davon weiß ich nichts.
– Wann hätt ich dich –?

KÄTHCHEN.

In der Silvesternacht.
Wenn wiederum Silvester kommt, zwei Jahr.

DER GRAF VOM STRAHL.

Wo? In dem Schloß zu Strahl?

KÄTHCHEN.

Nicht! In Heilbronn;
Im Kämmerlein, wo mir das Bette steht.

DER GRAF VOM STRAHL.

Was du da schwatzst, mein liebes Kind. – Ich lag
Und obenein todkrank, im Schloß zu Strahl.

Pause.
– Sie seufzt, bewegt sich, und lispelt etwas.

DER GRAF VOM STRAHL.

Was sagst du?

KÄTHCHEN.

Wer?

DER GRAF VOM STRAHL.

Du!

KÄTHCHEN.

Ich? Ich sagte nichts.

Pause.

DER GRAF VOM STRAHL *für sich.*

Seltsam, beim Himmel! In der Silvesternacht –

Er träumt vor sich nieder.

– Erzähl mir doch etwas davon, mein Käthchen!
Kam ich allein?

KÄTHCHEN.

Nein, mein verehrter Herr.

DER GRAF VOM STRAHL.

Nicht? – Wer war bei mir?

KÄTHCHEN.

Ach, so geh!

DER GRAF VOM STRAHL.

So rede!

KÄTHCHEN.

Das weißt du nicht mehr?

DER GRAF VOM STRAHL.

Nein, so wahr ich lebe.

KÄTHCHEN.

Ein Cherubim, mein hoher Herr, war bei dir,
Mit Flügeln, weiß wie Schnee, auf beiden Schultern,
Und Licht – o Herr! das funkelte! das glänzte! –
Der führt', an seiner Hand, dich zu mir ein.

DER GRAF VOM STRAHL *starrt sie an.*

So wahr, als ich will selig sein, ich glaube,
Da hast du recht!

KÄTHCHEN.

Ja, mein verehrter Herr.

DER GRAF VOM STRAHL *mit beklemmter Stimme.*

Auf einem härnen Kissen lagst du da,
Das Bettuch weiß, die wollne Decke rot?

KÄTHCHEN.

Ganz recht! so war's!

DER GRAF VOM STRAHL.

   Im bloßen leichten Hemdchen?

KÄTHCHEN.

   Im Hemdchen? – Nein.

DER GRAF VOM STRAHL.

   Was! Nicht?

KÄTHCHEN.

   Im leichten Hemdchen?

DER GRAF VOM STRAHL.

   Mariane, riefst du?

KÄTHCHEN.

   Mariane, rief ich!

210   Geschwind! Ihr Mädchen! Kommt doch her! Christine!

DER GRAF VOM STRAHL.

   Sahst groß, mit schwarzem Aug, mich an?

KÄTHCHEN.

   Ja, weil ich glaubt, es wär ein Traum.

DER GRAF VOM STRAHL.

   Stiegst langsam,
   An allen Gliedern zitternd, aus dem Bett,
   Und sankst zu Füßen mir –?

KÄTHCHEN.

   Und flüsterte –

DER GRAF VOM STRAHL *unterbricht sie.*

   Und flüstertest, mein hochverehrter Herr!

KÄTHCHEN *lächelnd.*

   Nun! Siehst du wohl? – Der Engel zeigte dir –

DER GRAF VOM STRAHL.

   Das Mal – Schützt mich, ihr Himmlischen! Das hast du?

KÄTHCHEN.

   Je, freilich!

DER GRAF VOM STRAHL *reißt ihr das Tuch ab.*

   Wo? Am Halse?

KÄTHCHEN *bewegt sich.*

   Bitte, bitte.

DER GRAF VOM STRAHL.

   O ihr Urewigen! – Und als ich jetzt,
   Dein Kinn erhob, ins Antlitz dir zu schauen?

KÄTHCHEN.
>Ja, da kam die unselige Mariane
>Mit Licht - - - und alles war vorbei;
>Ich lag im Hemdchen auf der Erde da,
>Und die Mariane spottete mich aus.

DER GRAF VOM STRAHL.
>Nun steht mir bei, ihr Götter: ich bin doppelt!
>Ein Geist bin ich und wandele zur Nacht!

Er läßt sie los und springt auf.

KÄTHCHEN *erwacht.*
>Gott, meines Lebens Herr! Was widerfährt mir!

Sie steht auf und sieht sich um.

DER GRAF VOM STRAHL.
>Was mir ein Traum schien, nackte Wahrheit ist's:
>Im Schloß zu Strahl, todkrank am Nervenfieber,
>Lag ich danieder, und hinweggeführt,
>Von einem Cherubim, besuchte sie
>Mein Geist in ihrer Klause zu Heilbronn!

KÄTHCHEN.
>Himmel! Der Graf!

Sie setzt sich den Hut auf, und rückt sich das Tuch zurecht.

DER GRAF VOM STRAHL.
>Was tu ich jetzt? Was laß ich?

Pause.

KÄTHCHEN *fällt auf ihre beiden Knie nieder.*
>Mein hoher Herr, hier lieg ich dir zu Füßen,
>Gewärtig dessen, was du mir verhängst!
>An deines Schlosses Mauer fandst du mich,
>Trotz des Gebots, das du mir eingeschärft;
>Ich schwör's, es war ein Stündchen nur zu ruhn,
>Und jetzt will ich gleich wieder weitergehn.

DER GRAF VOM STRAHL.
>Weh mir! Mein Geist, von Wunderlicht geblendet,
>Schwankt an des Wahnsinns grausem Hang umher!

Denn wie begreif ich die Verkündigung,
Die mir noch silbern wiederklingt im Ohr,
Daß sie die Tochter meines Kaisers sei?

GOTTSCHALK *draußen.*

Käthchen! He, junge Maid!

DER GRAF VOM STRAHL *erhebt sie rasch vom Boden.*

Geschwind erhebe dich!
Mach dir das Tuch zurecht! Wie siehst du aus?

Dritter Auftritt

Gottschalk tritt auf. Die Vorigen.

DER GRAF VOM STRAHL.

Gut, Gottschalk, daß du kommst! Du fragtest mich,
Ob du die Jungfrau in den Stall darfst nehmen;
Das aber schickt aus manchem Grund sich nicht;
Die Friedborn zieht aufs Schloß zu meiner Mutter.

GOTTSCHALK.

Wie? Was? Wo? – Oben auf das Schloß hinauf?

DER GRAF VOM STRAHL.

Ja, und das gleich! Nimm ihre Sachen auf,
Und auf dem Pfad zum Schlosse folg ihr nach.

GOTTSCHALK.

Gotts Blitz auch, Käthchen! hast du das gehört?

KÄTHCHEN *mit einer zierlichen Verbeugung.*

Mein hochverehrter Herr! Ich nehm es an,
Bis ich werd wissen, wo mein Vater ist.

DER GRAF VOM STRAHL.

Gut, gut! Ich werd mich gleich nach ihm erkund'gen.

Gottschalk bindet die Sachen zusammen; Käthchen hilft ihm.

Nun? Ist's geschehn?

Er nimmt ein Tuch vom Boden auf, und übergibt es ihr.

KÄTHCHEN *errötend.*

Was! Du bemühst dich mir?

Gottschalk nimmt das Bündel in die Hand.

DER GRAF VOM STRAHL.

Gib deine Hand!

KÄTHCHEN.

Mein hochverehrter Herr!

*Er führt sie über die Steine; wenn sie hinüber ist, läßt er sie
vorangehen und folgt. Alle ab.*

Szene: Garten. Im Hintergrunde eine Grotte, im gotischen Stil.

Vierter Auftritt

*Kunigunde, von Kopf zu Fuß in einen feuerfarbnen Schleier verhüllt,
und Rosalie treten auf.*

KUNIGUNDE. Wo ritt der Graf vom Strahl hin?

ROSALIE. Mein Fräulein, es ist dem ganzen Schloß unbegreiflich. Drei
kaiserliche Kommissarien kamen spät in der Nacht, und weckten ihn
auf; er verschloß sich mit ihnen, und heut, bei Anbruch des Tages
schwingt er sich aufs Pferd, und verschwindet.

KUNIGUNDE. Schließ mir die Grotte auf.

ROSALIE. Sie ist schon offen.

KUNIGUNDE. Ritter Flammberg, hör ich, macht dir den Hof; zu
Mittag, wann ich mich gebadet und angekleidet, werd ich dich fragen,
was dieser Vorfall zu bedeuten?

Ab in die Grotte.

Fünfter Auftritt

Fräulein Eleonore tritt auf, Rosalie.

ELEONORE. Guten Morgen, Rosalie.

ROSALIE. Guten Morgen, mein Fräulein! – Was führt Euch so früh
schon hierher?

ELEONORE. Ei, ich will mich mit Käthchen, dem kleinen, holden Gast,
den uns der Graf ins Schloß gebracht, weil die Luft so heiß ist, in
dieser Grotte baden.

ROSALIE. Vergebt! – Fräulein Kunigunde ist in der Grotte.

ELEONORE. Fräulein Kunigunde? – Wer gab euch den Schlüssel?

ROSALIE. Den Schlüssel? – Die Grotte war offen.

ELEONORE. Habt ihr das Käthchen nicht darin gefunden?

ROSALIE. Nein, mein Fräulein. Keinen Menschen.

ELEONORE. Ei, das Käthchen, so wahr ich lebe, ist drin!

ROSALIE. In der Grotte? Unmöglich!

ELEONORE. Wahrhaftig! In der Nebenkammern eine, die dunkel und versteckt sind. – Sie war vorangegangen; ich sagte nur, als wir an die Pforte kamen, ich wollte mir ein Tuch von der Gräfin zum Trocknen holen. – O Herr meines Lebens; da ist sie schon!

Sechster Auftritt

Käthchen aus der Grotte. Die Vorigen.

ROSALIE *für sich.*

Himmel! Was seh ich dort?

KÄTHCHEN *zitternd.*

Eleonore!

ELEONORE.

Ei, Käthchen! Bist du schon im Bad gewesen?

Schaut, wie das Mädchen funkelt, wie es glänzet!

Dem Schwane gleich, der in die Brust geworfen,

Aus des Kristallsees blauen Fluten steigt!

– Hast du die jungen Glieder dir erfrischt?

KÄTHCHEN.

Eleonore! Komm hinweg.

ELEONORE.

Was fehlt dir?

ROSALIE *schreckenblaß.*

Wo kommst du her? Aus jener Grotte dort?

Du hattest in den Gängen dich versteckt?

KÄTHCHEN.

Eleonore! Ich beschwöre dich!

KUNIGUNDE *im Innern der Grotte.*

Rosalie!

ROSALIE.

Gleich, mein Fräulein!

Zu Käthchen.

Hast sie gesehn?

ELEONORE.

Was gibt's? Sag an! – Du bleichst?

KÄTHCHEN *sinkt in ihre Arme.*

Eleonore!

ELEONORE.

Hilf, Gott im Himmel! Käthchen! Kind! Was fehlt dir?

KUNIGUNDE *in der Grotte.*

Rosalie!

ROSALIE *zu Käthchen.*

Nun, beim Himmel! Dir wär besser,
Du rissest dir die Augen aus, als daß sie
Der Zunge anvertrauten, was sie sahn!

Ab in die Grotte.

Siebenter Auftritt

Käthchen und Eleonore.

ELEONORE.

Was ist geschehn, mein Kind? Was schilt man dich?
Was macht an allen Gliedern so dich zittern?
Wär dir der Tod, in jenem Haus, erschienen,
Mit Hipp und Stundenglas, von Schrecken könnte
Dein Busen grimmiger erfaßt nicht sein!

KÄTHCHEN.

Ich will dir sagen –

Sie kann nicht sprechen.

ELEONORE.

Nun, sag an! Ich höre.

KÄTHCHEN.

– Doch du gelobst mir, nimmermehr, Lenore,
Wem es auch sei, den Vorfall zu entdecken.

ELEONORE.

Nein, keiner Seele; nein! Verlaß dich drauf.

KÄTHCHEN.

Schau, in die Seitengrotte hatt ich mich,

Durch die verborgne Türe eingeschlichen;
Das große Prachtgewölb war mir zu hell.
Und nun, da mich das Bad erquickt, tret ich
In jene größre Mitte scherzend ein,
Und denke, du, du seist's, die darin rauscht:
Und eben von dem Rand ins Becken steigend,
Erblickt mein Aug –
ELEONORE.
Nun, was? wen? Sprich!
KÄTHCHEN.
Was sag ich!
Du mußt sogleich zum Grafen, Leonore,
Und von der ganzen Sach ihn unterrichten.
ELEONORE.
Mein Kind! Wenn ich nur wüßte, was es wäre?
KÄTHCHEN.
– Doch ihm nicht sagen, nein, um 's Himmels willen,
Daß es von mir kommt. Hörst du? Eher wollt ich,
Daß er den Greuel nimmermehr entdeckte.
ELEONORE.
In welchen Rätseln sprichst du, liebstes Käthchen?
Was für ein Greul? Was ist's, das du erschaut?
KÄTHCHEN.
Ach, Leonor', ich fühle, es ist besser,
Das Wort kommt über meine Lippen nie!
Durch mich kann er, durch mich, enttäuscht nicht werden!
ELEONORE.
Warum nicht? Welch ein Grund ist, ihm zu bergen –?
Wenn du nur sagtest –
KÄTHCHEN *wendet sich.*
Horch!
ELEONORE.
Was gibt's?
KÄTHCHEN.
Es kommt!
ELEONORE.
Das Fräulein ist's, sonst niemand, und Rosalie.

216

KÄTHCHEN.

Fort! Gleich! Hinweg!

ELEONORE.

Warum?

KÄTHCHEN.

Fort, Rasende!

ELEONORE.

Wohin?

KÄTHCHEN.

Hier fort, aus diesem Garten will ich –

ELEONORE.

Bist du bei Sinnen?

KÄTHCHEN.

Liebe Leonore!

Ich bin verloren, wenn sie mich hier trifft!

Fort! In der Gräfin Arme flücht ich mich!

Ab.

Achter Auftritt

Kunigunde und Rosalie aus der Grotte.

KUNIGUNDE *gibt Rosalien einen Schlüssel.*

Hier, nimm! – Im Schubfach, unter meinem Spiegel;

Das Pulver, in der schwarzen Schachtel, rechts,

Schütt es in Wein, in Wasser oder Milch,

Und sprich: komm her, mein Käthchen! – Doch du nimmst

Vielleicht sie lieber zwischen deine Kniee?

Gift, Tod und Rache! Mach es, wie du willst,

Doch sorge mir, daß sie's hinunterschluckt.

ROSALIE.

Hört mich nur an, mein Fräulein –

KUNIGUNDE.

Gift! Pest! Verwesung!

Stumm mache sie und rede nicht!

Wenn sie vergiftet, tot ist, eingesargt,

Verscharrt, verwest, zerstiebt, als Myrtenstengel,

Von dem, was sie jetzt sah, im Winde flüstert;

217

100

So komm und sprich von Sanftmut und Vergebung,
Pflicht und Gesetz und Gott und Höll und Teufel,
Von Reue und Gewissensbissen mir.

ROSALIE.

Sie hat es schon entdeckt, es hilft zu nichts.

KUNIGUNDE.

Gift! Asche! Nacht! Chaotische Verwirrung!
Das Pulver reicht, die Burg ganz wegzufressen,
Mit Hund und Katzen hin! – Tu, wie ich sagte!
Sie buhlt mir so zur Seite um sein Herz,
Wie ich vernahm, und ich – des Todes sterb ich,
Wenn ihn das Affenangesicht nicht rührt;
Fort! In die Dünste mit ihr hin: die Welt,
Hat nicht mehr Raum genug, für mich und sie!

Ab.

Fünfter Akt

Szene: Worms. Freier Platz vor der kaiserlichen Burg, zur Seite ein
Thron; im Hintergrunde die Schranken des Gottesgerichts.

Erster Auftritt

Der Kaiser auf dem Thron. Ihm zur Seite der Erzbischof von Worms,
Graf Otto von der Flühe und mehrere andere Ritter, Herren und
Trabanten. Der Graf vom Strahl, im leichten Helm und Harnisch,
und Theobald, von Kopf zu Fuß in voller Rüstung; beide stehen
dem Thron gegenüber.

DER KAISER.
 Graf Wetterstrahl, du hast, auf einem Zuge,
 Der durch Heilbronn dich, vor drei Monden, führte,
 In einer Törin Busen eingeschlagen;
 Den alten Vater jüngst verließ die Dirne,
 Und, statt sie heimzusenden, birgst du sie
 Im Flügel deiner väterlichen Burg.
 Nun sprengst du, solchen Frevel zu beschönen,
 Gerüchte, lächerlich und gottlos, aus;
 Ein Cherubim, der dir zu Nacht erschienen,
 Hab dir vertraut, die Maid, die bei dir wohnt,
 Sei meiner kaiserlichen Lenden Kind.
 Solch eines abgeschmackt prophet'schen Grußes
 Spott ich, wie sich's versteht, und meinethalb
 Magst du die Krone selbst aufs Haupt ihr setzen;
 Von Schwaben einst, begreifst du, erbt sie nichts,
 Und meinem Hof auch bleibt sie fern zu Worms.
 Hier aber steht ein tiefgebeugter Mann,
 Dem du, zufrieden mit der Tochter nicht,
 Auch noch die Mutter willst zur Metze machen;
 Denn er, sein Lebelang fand er sie treu,
 Und rühmt des Kinds unsel'gen Vater *sich*.
 Darum, auf seine schweren Klagen, riefen wir
 Vor unsern Thron dich her, die Schmach, womit
 Du ihre Gruft geschändet, darzutun;

Auf, rüste dich, du Freund der Himmlischen:
Denn du bist da, mit einem Wort von Stahl,
Im Zweikampf ihren Ausspruch zu beweisen!
DER GRAF VOM STRAHL *mit dem Erröten des Unwillens.*
Mein kaiserlicher Herr! Hier ist ein Arm,
Von Kräften strotzend, markig, stahlgeschient,
Geschickt im Kampf dem Teufel zu begegnen;
Treff ich auf jene graue Scheitel dort,
Flach schmettr ich sie, wie einen Schweizerkäse,
Der gärend auf dem Brett des Sennen liegt.
Erlaß, in deiner Huld und Gnade, mir,
Ein Märchen, aberwitzig, sinnverwirrt,
Dir darzutun, das sich das Volk aus zwei
Ereignissen, zusammen seltsam freilich,
Wie die zwei Hälften eines Ringes, passend,
Mit müß'gem Scharfsinn, aneinandersetzte.
Begreif, ich bitte dich, in deiner Weisheit,
Den ganzen Vorfall der Silvesternacht,
Als ein Gebild des Fiebers, und so wenig
Als es mich kümmern würde, träumtest du,
Ich sei ein Jud, so wenig kümmre dich,
Daß ich gerast, die Tochter jenes Mannes
Sei meines hochverehrten Kaisers Kind!
ERZBISCHOF.
Mein Fürst und Herr, mit diesem Wort, fürwahr,
Kann sich des Klägers wackres Herz beruh'gen.
Geheimer Wissenschaft, sein Weib betreffend,
Rühmt er sich nicht; schau, was er der Mariane
Jüngst, in geheimer Zwiesprach, vorgeschwatzt:
Er hat es eben jetzo widerrufen!
Straft um den Wunderbau der Welt ihn nicht,
Der ihn, auf einen Augenblick, verwirrt.
Er gab, vor einer Stund, o Theobald,
Mir seine Hand, das Käthchen, wenn du kommst
Zu Strahl, in seiner Burg, dir abzuliefern;
Geh hin und tröste dich und hole sie,
Du alter Herr, und laß die Sache ruhn!

THEOBALD.

Verfluchter Heuchler, du, wie kannst du leugnen,
Daß deine Seele ganz durchdrungen ist,
Vom Wirbel bis zur Sohle, von dem Glauben,
Daß sie des Kaisers Bänkeltochter sei?
Hast du den Tag nicht, bei dem Kirchenspiel,
Erforscht, wann sie geboren, nicht berechnet,
Wohin die Stunde der Empfängnis fällt;
Nicht ausgemittelt, mit verruchtem Witze,
Daß die erhabne Majestät des Kaisers
Vor sechzehn Lenzen durch Heilbronn geschweift?
Ein Übermütiger, aus eines Gottes Kuß,
Auf einer Furie Mund gedrückt, entsprungen;
Ein glanzumfloßner Vatermördergeist,
An jeder der granitnen Säulen rüttelnd,
In dem urew'gen Tempel der Natur;
Ein Sohn der Hölle, den mein gutes Schwert
Entlarven jetzo, oder, rückgewendet,
Mich selbst zur Nacht des Grabes schleudern soll!

DER GRAF VOM STRAHL.

Nun, den Gott selbst verdamme, gifterfüllter
Verfolger meiner, der dich nie beleidigt,
Und deines Mitleids eher würdig wäre,
So sei's, Mordraufer, denn, so wie du willst.
Ein Cherubim, der mir, in Glanz gerüstet,
Zu Nacht erschien, als ich im Tode lag,
Hat mir, was leugn ich's länger, Wissenschaft,
Entschöpft dem Himmelsbronnen, anvertraut.
Hier vor des höchsten Gottes Antlitz steh ich,
Und die Behauptung schmettr' ich dir ins Ohr:
Käthchen von Heilbronn, die dein Kind du sagst,
Ist meines höchsten Kaisers dort; komm her,
Mich von dem Gegenteil zu überzeugen!

DER KAISER.

Trompeter, blast, dem Lästerer zum Tode!

Trompetenstöße.

THEOBALD *zieht.*

Und wäre gleich mein Schwert auch eine Binse,
Und einem Griffe, locker, wandelbar,
Von gelbem Wachs geknetet, eingefugt,
So wollt ich doch von Kopf zu Fuß dich spalten,
Wie einen Giftpilz, der der Heid entblüht,
Der Welt zum Zeugnis, Mordgeist, daß du logst!

DER GRAF VOM STRAHL *er nimmt sich sein Schwert ab und gibt es weg.*

Und wär mein Helm gleich und die Stirn, die drunter,
Durchsichtig, messerrückendünn, zerbrechlich,
Die Schale eines ausgenommnen Eis,
So sollte doch dein Sarraß, Funken sprühend,
Abprallen, und in alle Ecken splittern,
Als hättst du einen Diamant getroffen,
Der Welt zum Zeugnis, daß ich wahr gesprochen!
Hau, und laß jetzt mich sehn, wes Sache rein?

     Er nimmt sich den Helm ab und tritt dicht vor ihn.

THEOBALD *zurückweichend.*

Setz dir den Helm auf!

DER GRAF VOM STRAHL *folgt ihm.*

Hau!

THEOBALD.

Setz dir den Helm auf!

DER GRAF VOM STRAHL *stößt ihn zu Boden.*

Dich lähmt der bloße Blitz aus meiner Wimper?

     *Er windet ihm das Schwert aus der Hand, tritt über ihm und setzt
     ihm den Fuß auf die Brust.*

Was hindert mich, im Grimm gerechten Siegs,
Daß ich den Fuß ins Hirn dir drücke? – Lebe!

     Er wirft das Schwert vor des Kaisers Thron.

Mag es die alte Sphinx, die Zeit, dir lösen,
Das Käthchen aber ist, wie ich gesagt,
Die Tochter meiner höchsten Majestät!

VOLK *durcheinander.*

Himmel! Graf Wetterstrahl hat obgesiegt!

DER KAISER *erblaßt und steht auf.*

Brecht auf, ihr Herrn!

ERZBISCHOF.

Wohin?

EIN RITTER *aus dem Gefolge.*

Was ist geschehn?

GRAF OTTO.

Allmächt'ger Gott! Was fehlt der Majestät?

Ihr Herren, folgt! Es scheint, ihr ist nicht wohl?

Ab.

Szene: Ebendaselbst. Zimmer im kaiserlichen Schloß.

Zweiter Auftritt

DER KAISER *wendet sich unter der Tür.* Hinweg! Es soll mir niemand
folgen! Den Burggrafen von Freiburg und den Ritter von Waldstätten
laßt herein; das sind die einzigen Männer, die ich sprechen will! *Er
wirft die Tür zu.* – – – Der Engel Gottes, der dem Grafen vom Strahl
versichert hat, das Käthchen sei meine Tochter: ich glaube, bei meiner
kaiserlichen Ehre, er hat recht! Das Mädchen ist, wie ich höre, funfzehn Jahr alt; und vor sechzehn Jahren, weniger drei Monaten, genau
gezählt, feierte ich der Pfalzgräfin, meiner Schwester, zu Ehren das
große Turnier in Heilbronn! Es mochte ohngefähr eilf Uhr abends
sein, und der Jupiter ging eben, mit seinem funkelnden Licht, im
Osten auf, als ich, vom Tanz sehr ermüdet, aus dem Schloßtor trat,
um mich in dem Garten, der daran stößt, unerkannt, unter dem
Volk, das ihn erfüllte, zu erlaben; und ein Stern, mild und kräftig,
wie der, leuchtete, wie ich gar nicht zweifle, bei ihrer Empfängnis.
Gertrud, soviel ich mich erinnere, hieß sie, mit der ich mich in einem,
von dem Volk minder besuchten, Teil des Gartens, beim Schein
verlöschender Lampen, während die Musik, fern von dem Tanzsaal
her, in den Duft der Linden niedersäuselte, unterhielt; und Käthchens
Mutter heißt Gertrud! Ich weiß, daß ich mir, als sie sehr weinte, ein
Schaustück, mit dem Bildnis Papst Leos, von der Brust losmachte,
und es ihr, als ein Andenken von mir, den sie gleichfalls nicht

kannte, in das Mieder steckte; und ein solches Schaustück, wie ich eben vernehme, besitzt das Käthchen von Heilbronn! O Himmel! Die Welt wankt aus ihren Fugen! Wenn der Graf vom Strahl, dieser Vertraute der Auserwählten, von der Buhlerin, an die er geknüpft ist, loslassen kann: so werd ich die Verkündigung wahrmachen, den Theobald, unter welchem Vorwand es sei, bewegen müssen, daß er mir dies Kind abtrete, und sie mit ihm verheiraten müssen: will ich nicht wagen, daß der Cherub zum zweitenmal zur Erde steige und das ganze Geheimnis, das ich hier den vier Wänden anvertraut, ausbringe!

Ab.

Dritter Auftritt

Burggraf von Freiburg und Georg von Waldstätten treten auf. Ihnen folgt Ritter Flammberg.

FLAMMBERG *erstaunt.* Herr Burggraf von Freiburg! – Seid Ihr es, oder ist es Euer Geist? O eilt nicht, ich beschwör Euch –!

FREIBURG *wendet sich.* Was willst du?

GEORG. Wen suchst du?

FLAMMBERG. Meinen bejammernswürdigen Herrn, den Grafen vom Strahl! Fräulein Kunigunde, seine Braut – o hätten wir sie euch nimmermehr abgewonnen! Den Koch hat sie bestechen wollen, dem Käthchen Gift zu reichen –: Gift, ihr gestrengen Herren, und zwar aus dem abscheulichen, unbegreiflichen und rätselhaften Grunde, weil das Kind sie im Bade belauschte!

FREIBURG. Und das begreift ihr nicht?

FLAMMBERG. Nein!

FREIBURG. So will ich es dir sagen. Sie ist eine mosaische Arbeit, aus allen drei Reichen der Natur zusammengesetzt. Ihre Zähne gehören einem Mädchen aus München, ihre Haare sind aus Frankreich verschrieben, ihrer Wangen Gesundheit kommt aus den Bergwerken in Ungarn, und den Wuchs, den ihr an ihr bewundert, hat sie einem Hemde zu danken, das ihr der Schmidt, aus schwedischem Eisen, verfertigt hat. – Hast du verstanden?

FLAMMBERG. Was!

FREIBURG. Meinen Empfehl an deinen Herrn!

Ab.

GEORG. Den meinigen auch! – Der Graf ist bereits nach der Strahlburg zurück; sag ihm, wenn er den Hauptschlüssel nehmen, und sie in der Morgenstunde, wenn ihre Reize auf den Stühlen liegen, überraschen wolle, so könne er seine eigne Bildsäule werden und sich, zur Verewigung seiner Heldentat, bei der Köhlerhütte aufstellen lassen!

Ab.

Szene: Schloß Wetterstrahl. Kunigundens Zimmer.

Vierter Auftritt

Rosalie, bei der Toilette des Fräuleins beschäftigt. Kunigunde tritt ungeschminkt, wie sie aus dem Bette kömmt, auf; bald darauf der Graf vom Strahl.

KUNIGUNDE *indem sie sich bei der Toilette niedersetzt.*
   Hast du die Tür besorgt?
ROSALIE.
   Sie ist verschlossen.
KUNIGUNDE.
   Verschlossen! Was! Verriegelt, will ich wissen!
   Verschlossen *und* verriegelt, jedesmal!

Rosalie geht, die Tür zu verriegeln; der Graf kommt ihr entgegen.

ROSALIE *erschrocken.*
   Mein Gott! Wie kommt Ihr hier herein, Herr Graf?
GRAF VOM STRAHL.
   – Mein Fräulein!
KUNIGUNDE *sieht sich um.*
   Wer?
ROSALIE.
   Seht, bitt ich Euch!
KUNIGUNDE.
   Rosalie!

Sie erhebt sich schnell, und geht ab.

Fünfter Auftritt

Der Graf vom Strahl und Rosalie.

DER GRAF VOM STRAHL *steht wie vom Donner gerührt.*
Wer war die unbekannte Dame?
ROSALIE.
– Wo?
DER GRAF VOM STRAHL.
Die, wie der Turm von Pisa, hier vorbeiging? –
Doch, hoff ich, nicht –?
ROSALIE.
Wer?
DER GRAF VOM STRAHL.
Fräulein Kunigunde?
ROSALIE.
Bei Gott, ich glaub, Ihr scherzt!
Sybille, meine Stiefmutter, gnäd'ger Herr –
KUNIGUNDE *drinnen.*
Rosalie!
ROSALIE.
Das Fräulein, das im Bett liegt, ruft nach mir. –
Verzeiht, wenn ich –!

Sie holt einen Stuhl.

Wollt Ihr Euch gütigst setzen?

Sie nimmt die Toilette und geht ab.

Sechster Auftritt

DER GRAF VOM STRAHL *vernichtet.*
Nun, du allmächt'ger Himmel, meine Seele,
Sie ist doch wert nicht, daß sie also heiße!
Das Maß, womit sie, auf dem Markt der Welt,
Die Dinge mißt, ist falsch; scheusel'ge Bosheit
Hab ich für milde Herrlichkeit erstanden!
Wohin flücht ich, Elender, vor mir selbst?
Wenn ein Gewitter wo in Schwaben tobte,

226

Mein Pferd könnt ich, in meiner Wut, besteigen,
Und suchen, wo der Keil mein Haupt zerschlägt!
Was ist zu tun, mein Herz? Was ist zu lassen?

Siebenter Auftritt

*Kunigunde, in ihrem gewöhnlichen Glanz, Rosalie und die alte
Sybille, die schwächlich, auf Krücken, durch die Mitteltür abgeht.*

KUNIGUNDE.

Sieh da, Graf Friederich! Was für ein Anlaß
Führt Euch so früh in meine Zimmer her?
DER GRAF VOM STRAHL *indem er die Sybille mit den Augen verfolgt.*

Was! Sind die Hexen doppelt?
KUNIGUNDE *sieht sich um.*

Wer?
DER GRAF VOM STRAHL *faßt sich.*

Vergebt! –
Nach Eurem Wohlsein wollt ich mich erkunden.
KUNIGUNDE.

Nun? – Ist zur Hochzeit alles vorbereitet?
DER GRAF VOM STRAHL *indem er näher tritt und sie prüft.*

Es ist, bis auf den Hauptpunkt, ziemlich alles –
KUNIGUNDE *weicht zurück.*

Auf wann ist sie bestimmt?
DER GRAF VOM STRAHL.

Sie war's – auf morgen.
KUNIGUNDE *nach einer Pause.*

Ein Tag mit Sehnsucht längst von mir erharrt!
– Ihr aber seid nicht froh, dünkt mich, nicht heiter?
DER GRAF VOM STRAHL *verbeugt sich.*

Erlaubt! ich bin der Glücklichste der Menschen!
ROSALIE *traurig.*

Ist's wahr, daß jenes Kind, das Käthchen, gestern,
Das Ihr im Schloß beherbergt habt –?

DER GRAF VOM STRAHL.

O Teufel!
KUNIGUNDE *betreten.*

Was fehlt Euch? Sprecht!

ROSALIE *für sich.*

Verwünscht!

DER GRAF VOM STRAHL *faßt sich.*

– Das Los der Welt!

Man hat sie schon im Kirchhof beigesetzt.

KUNIGUNDE.

Was Ihr mir sagt!

ROSALIE.

Jedoch noch nicht begraben?

KUNIGUNDE.

Ich muß sie doch im Leichenkleid, noch sehn.

Achter Auftritt

Ein Diener tritt auf. Die Vorigen.

DIENER.

Gottschalk schickt einen Boten, gnäd'ger Herr,

Der Euch im Vorgemach zu sprechen wünscht!

KUNIGUNDE.

Gottschalk?

ROSALIE.

Von wo?

DER GRAF VOM STRAHL.

Vom Sarge der Verblichnen!

Laßt Euch im Putz, ich bitte sehr, nicht stören!

Ab.

Neunter Auftritt

Kunigunde und Rosalie.
Pause.

KUNIGUNDE *ausbrechend.*

Er weiß, umsonst ist's, alles hilft zu nichts,

Er hat's gesehn, es ist um mich getan!

ROSALIE.

Er weiß es nicht!

KUNIGUNDE.

Er weiß!

ROSALIE.

Er weiß es nicht!

Ihr klagt, und ich, vor Freuden möcht ich hüpfen.

Er steht im Wahn, daß die, die hier gesessen,

Sybille, meine Mutter, sei gewesen;

Und nimmer war ein Zufall glücklicher

Als daß sie just in Eurem Zimmer war;

Schnee, im Gebirg gesammelt, wollte sie,

Zum Waschen eben Euch ins Becken tragen.

KUNIGUNDE.

Du sahst, wie er mich prüfte, mich ermaß.

ROSALIE.

Gleichviel! Er traut den Augen nicht! Ich bin

So fröhlich, wie ein Eichhorn in den Fichten!

Laßt sein, daß ihm von fern ein Zweifel kam;

Daß Ihr Euch zeigtet, groß und schlank und herrlich,

Schlägt seinen Zweifel völlig wieder nieder.

Des Todes will ich sterben, wenn er nicht,

Den Handschuh jedem hinwirft, der da zweifelt,

Daß ihr die Königin der Frauen seid.

O seid nicht mutlos! Kommt und zieht Euch an;

Der nächsten Sonne Strahl, was gilt's begrüßt Euch,

Als Gräfin Kunigunde Wetterstrahl!

KUNIGUNDE.

Ich wollte, daß die Erde mich verschlänge!

Ab.

Szene: Das Innere einer Höhle mit der Aussicht auf eine Landschaft.

Zehnter Auftritt

Käthchen, in einer Verkleidung, sitzt traurig auf einem Stein, den Kopf an die Wand gelehnt. Graf Otto von der Flühe, Wenzel von Nachtheim, Hans von Bärenklau, in der Tracht kaiserlicher

Reichsräte, und Gottschalk treten auf. Gefolge, zuletzt der Kaiser
und Theobald, welche in Mänteln verhüllt, im Hintergrunde bleiben.

GRAF OTTO *eine Pergamentrolle in der Hand.*

Jungfrau von Heilbronn! Warum herbergst du,

Dem Sperber gleich, in dieser Höhle Raum?

KÄTHCHEN *steht auf.*

O Gott! Wer sind die Herrn?

GOTTSCHALK.

Erschreckt sie nicht! –

Der Anschlag einer Feindin, sie zu töten,

Zwang uns, in diese Berge sie zu flüchten.

GRAF OTTO.

Wo ist dein Herr, der Reichsgraf, dem du dienst?

KÄTHCHEN.

Ich weiß es nicht.

GOTTSCHALK.

Er wird sogleich erscheinen!

GRAF OTTO *gibt ihr das Pergament.*

Nimm diese Rolle hier; es ist ein Schreiben,

Verfaßt von kaiserlicher Majestät.

Durchfleuch's und folge mir; hier ist kein Ort,

Jungfraun, von deinem Range, zu bewirten;

Worms nimmt fortan, in seinem Schloß, dich auf!

DER KAISER *im Hintergrund.*

Ein lieber Anblick!

THEOBALD.

O ein wahrer Engel!

Eilfter Auftritt

Der Graf vom Strahl tritt auf. Die Vorigen.

DER GRAF VOM STRAHL *betroffen.*

Reichsrät, in festlichem Gepräng, aus Worms!

GRAF OTTO.

Seid uns gegrüßt, Herr Graf!

DER GRAF VOM STRAHL.

– Was bringt Ihr mir?

GRAF OTTO.

Ein kaiserliches Schreiben dieser Jungfrau!
Befragt sie selbst; sie wird es Euch bedeuten.

DER GRAF VOM STRAHL.

O Herz, was pochst du?

Zu Käthchen.

Kind, was hältst du da?

KÄTHCHEN.

Weiß nit, mein hoher Herr. –

GOTTSCHALK.

Gib, gib, mein Herzchen.

DER GRAF VOM STRAHL *liest.*

»Der Himmel, wisset, hat mein Herz gestellt,   230
Das Wort des Auserwählten einzulösen.
Das Käthchen ist nicht mehr des Theobalds,
Des Waffenschmidts, der mir sie abgetreten,
Das Käthchen fürderhin ist meine Tochter,
Und Katharina heißt sie jetzt von Schwaben.«

Er durchblättert die andern Papiere.

Und hier: »Kund sei« – Und hier: »das Schloß zu Schwabach« –

Kurze Pause.

Nun möcht ich vor der Hochgebenedeiten
In Staub mich werfen, ihren Fuß ergreifen,
Und mit des Danks glutheißer Träne waschen.

KÄTHCHEN *setzt sich.*

Gottschalk, hilf, steh mir bei; mir ist nicht wohl!

DER GRAF VOM STRAHL *zu den Räten.*

Wo ist der Kaiser? Wo der Theobald?

DER KAISER *indem beide ihre Mäntel abwerfen.*

Hier sind sie!

KÄTHCHEN *steht auf.*

Gott im hohen Himmel! Vater!

Sie eilt auf ihn zu; er empfängt sie.

GOTTSCHALK *für sich.*

Der Kaiser! Ei, so wahr ich bin! Da steht er!

DER GRAF VOM STRAHL.

Nun, sprich du – Göttlicher! Wie nenn ich dich?
– Sprich, las ich recht?

DER KAISER.

Beim Himmel, ja, das tatst du!
Die einen Cherubim zum Freunde hat,
Der kann mit Stolz ein Kaiser Vater sein!
Das Käthchen ist die Erst' itzt vor den Menschen,
Wie sie's vor Gott längst war; wer sie begehrt,
Der muß bei mir jetzt würdig um sie frein.

DER GRAF VOM STRAHL *beugt ein Knie vor ihm.*

Nun, hier auf Knieen bitt ich: gib sie mir!

DER KAISER.

Herr Graf! Was fällt Ihm ein?

DER GRAF VOM STRAHL.

Gib, gib sie mir!
Welch andern Zweck ersänn ich deiner Tat?

DER KAISER.

So! Meint Er das? – Der Tod nur ist umsonst,
Und die Bedingung setz ich dir.

DER GRAF VOM STRAHL.

Sprich! Rede!

DER KAISER *ernst.*

In deinem Haus den Vater nimmst du auf!

DER GRAF VOM STRAHL.

Du spottest!

DER KAISER.

Was! du weigerst dich?

DER GRAF VOM STRAHL.

In Händen!
In meines Herzens Händen nehm ich ihn!

DER KAISER *zu Theobald.*

Nun, Alter; hörtest du?

THEOBALD *führt ihm Käthchen zu.*

So gib sie ihm!
Was Gott fügt, heißt es, soll der Mensch nicht scheiden.

DER GRAF VOM STRAHL *steht auf, und nimmt Käthchens Hand.*
Nun denn, zum Sel'gen hast du mich gemacht! –
Laßt einen Kuß mich, Väter, einen Kuß nur
Auf ihre himmelsüßen Lippen drücken.
Hätt ich zehn Leben, nach der Hochzeitsnacht,
Opfr' ich sie jauchzend jedem von euch hin!
DER KAISER.
Fort jetzt! daß er das Rätsel ihr erkläre!

Ab.

Zwölfter Auftritt

Der Graf vom Strahl und das Käthchen.

DER GRAF VOM STRAHL *indem er sie bei der Hand nimmt, und sich setzt.*
Nun denn, mein Käthchen, komm! komm her, o Mädchen!
Mein Mund hat jetzt dir etwas zu vertraun.
KÄTHCHEN.
Mein hoher Herr! Sprich! Was bedeutet mir –?
DER GRAF VOM STRAHL.
Zuerst, mein süßes Kind, muß ich dir sagen,
Daß ich mit Liebe dir, unsäglich, ewig,
Durch alle meine Sinne zugetan.
Der Hirsch, der von der Mittagsglut gequält,
Den Grund zerwühlt, mit spitzigem Geweih,
Er sehnt sich so begierig nicht,
Vom Felsen in den Waldstrom sich zu stürzen,
Den reißenden, als ich, jetzt, da du mein bist,
In alle deine jungen Reize mich.
KÄTHCHEN *schamrot.*
Jesus! Was sprichst du? Ich versteh dich nicht.
DER GRAF VOM STRAHL.
Vergib mir, wenn mein Wort dich oft gekränkt,
Beleidigt; meine roh mißhandelnde
Gebärde dir zuweilen weh getan.
Denk ich, wie lieblos einst mein Herz geeifert,
Dich von mir wegzustoßen – und seh ich gleichwohl jetzo dich

232

So voll von Huld und Güte vor mir stehn,
Sieh, so kommt Wehmut, Käthchen, über mich,
Und meine Tränen halt ich nicht zurück.

Er weint.

KÄTHCHEN *ängstlich.*
Himmel! Was fehlt dir? Was bewegt dich so?
Was hast du mir getan? Ich weiß von nichts.
DER GRAF VOM STRAHL.
O Mädchen, wenn die Sonne wieder scheint,
Will ich den Fuß in Gold und Seide legen,
Der einst auf meiner Spur sich wund gelaufen.
Ein Baldachin soll diese Scheitel schirmen,
Die einst der Mittag hinter mir versengt.
Arabien soll sein schönstes Pferd mir schicken,
Geschirrt in Gold, mein süßes Kind zu tragen,
Wenn mich ins Feld der Klang der Hörner ruft;
Und wo der Zeisig sich das Nest gebaut,
Der zwitschernde, in dem Holunderstrauch,
Soll sich ein Sommersitz dir auferbaun,
In heitern, weitverbreiteten Gemächern,
Mein Käthchen, kehr ich wieder, zu empfangen.
KÄTHCHEN.
Mein Friederich! Mein angebeteter!
Was soll ich auch von dieser Rede denken?
Du willst? – Du sagst? –

Sie will seine Hand küssen.

DER GRAF VOM STRAHL *zieht sie zurück.*
Nichts, nichts, mein süßes Kind.

Er küßt ihre Stirn.

KÄTHCHEN.
Nichts?
DER GRAF VOM STRAHL.
Nichts. Vergib. Ich glaubt, es wäre morgen.
– Was wollt ich doch schon sagen? – Ja, ganz recht,
Ich wollte dich um einen Dienst ersuchen.

Er wischt sich die Tränen ab.

KÄTHCHEN *kleinlaut.*

Um einen Dienst? Nun, welchen? Sag nur an.

Pause.

DER GRAF VOM STRAHL.

Ganz recht. Das war's. – Du weißt, ich mache morgen Hochzeit.
Es ist zur Feier alles schon bereitet;
Am nächsten Mittag bricht der Zug,
Mit meiner Braut bereits zum Altar auf.
Nun sann ich mir ein Fest aus, süßes Mädchen,
Zu welchem du die Göttin spielen sollst.
Du sollst, aus Lieb zu deinem Herrn, für morgen
Die Kleidung, die dich deckt, beiseite legen,
Und in ein reiches Schmuckgewand dich werfen,
Das Mutter schon für dich zurechtgelegt.
– Willst du das tun?

KÄTHCHEN *hält ihre Schürze vor die Augen.*

Ja, ja, es soll geschehn.

DER GRAF VOM STRAHL.

Jedoch recht schön; hörst du? Still, aber prächtig!
Recht, wie's Natur und Weis in dir erheischt.
Man wird dir Perlen und Smaragden reichen;
Gern möcht ich daß du alle Fraun im Schloß,
Selbst noch die Kunigunde überstrahlst. –
Was weinst du?

KÄTHCHEN.

– Ich weiß nicht, mein verehrter Herr.
Es ist ins Aug mir was gekommen.

DER GRAF VOM STRAHL.

Ins Auge? Wo?

Er küßt ihr die Tränen aus den Augen.

Nun komm nur fort. Es wird sich schon erhellen.

Er führt sie ab.

234

Szene: Schloßplatz, zur Rechten, im Vordergrund, ein Portal. Zur Linken, mehr in der Tiefe, das Schloß, mit einer Rampe. Im Hintergrund die Kirche.

Dreizehnter Auftritt

Marsch. Ein Aufzug. Ein Herold eröffnet ihn; darauf Trabanten. Ein Baldachin von vier Mohren getragen. In der Mitte des Schloßplatzes stehen der Kaiser, der Graf vom Strahl, Theobald, Graf Otto von der Flühe, der Rheingraf vom Stein, der Burggraf von Freiburg und das übrige Gefolge des Kaisers und empfangen den Baldachin. Unter dem Portal, rechts Fräulein Kunigunde von Thurneck im Brautschmuck, mit ihren Tanten und Vettern, um sich dem Zuge anzuschließen. Im Hintergrunde Volk, worunter Flammberg, Gottschalk, Rosalie usw.

DER GRAF VOM STRAHL. Halt hier, mit dem Baldachin! – Herold, tue dein Amt!

DER HEROLD *ablesend.* »Kund und zu wissen sei hiermit jedermann, daß der Reichsgraf, Friedrich Wetter vom Strahl, heut seine Vermählung feiert, mit Katharina, Prinzessin von Schwaben, Tochter unsers durchlauchtigsten Herrn und Kaisers. Der Himmel segne das hohe Brautpaar, und schütte das ganze Füllhorn von Glück, das in den Wolken schwebt, über ihre teuren Häupter aus!«

235 KUNIGUNDE *zu Rosalie.* Ist dieser Mann besessen, Rosalie?

ROSALIE. Beim Himmel! Wenn er es nicht ist, so ist es darauf angelegt, uns dazu zu machen. –

BURGGRAF VON FREIBURG. Wo ist die Braut?

RITTER VON THURNECK. Hier, ihr verehrungswürdigen Herren!

FREIBURG. Wo?

THURNECK. Hier steht das Fräulein, unsere Muhme, unter diesem Portal!

FREIBURG. Wir suchen die Braut des Grafen vom Strahl. – Ihr Herren, an euer Amt! Folgt mir und laßt uns sie holen.

Burggraf von Freiburg, Georg von Waldstätten und der Rheingraf vom Stein, besteigen die Rampe und gehen ins Schloß.

DIE HERREN VON THURNECK. Hölle, Tod und Teufel! Was haben diese Anstalten zu bedeuten?

Vierzehnter Auftritt

Käthchen im kaiserlichen Brautschmuck, geführt von Gräfin Helena und Fräulein Eleonore, ihre Schleppe von drei Pagen getragen; hinter ihr Burggraf von Freiburg usw. steigen die Rampe herab.

GRAF OTTO. Heil dir, o Jungfrau!

RITTER FLAMMBERG UND GOTTSCHALK. Heil dir, Käthchen von Heilbronn, kaiserliche Prinzessin von Schwaben!

VOLK. Heil dir! Heil! Heil dir!

HERRNSTADT UND VON DER WART *die auf dem Platz geblieben.* Ist dies die Braut?

FREIBURG. Dies ist sie.

KÄTHCHEN. Ich? Ihr hohen Herren! Wessen?

DER KAISER. Dessen, den dir der Cherub geworben. Willst du diesen Ring mit ihm wechseln?

THEOBALD. Willst du dem Grafen deine Hand geben?

DER GRAF VOM STRAHL *umfaßt sie.* Käthchen! Meine Braut! Willst du mich?

KÄTHCHEN. Schütze mich Gott und alle Heiligen! *Sie sinkt; die Gräfin empfängt sie.*

DER KAISER. Wohlan, so nehmt sie, Herr Graf vom Strahl, und führt sie zur Kirche!

Glockenklang.

KUNIGUNDE. Pest, Tod und Rache! Diesen Schimpf sollt ihr mir büßen!

Ab, mit Gefolge.

DER GRAF VOM STRAHL. Giftmischerin!

Marsch: Der Kaiser stellt sich mit Käthchen und dem Grafen vom Strahl unter den Baldachin; die Damen und Ritter folgen. Trabanten beschließen den Zug. – Alle ab.

Ende

Biographie

1777 *18. Oktober:* Bernd Wilhelm Heinrich von Kleist wird in Frankfurt an der Oder als Sohn des preußischen Offiziers Joachim Friedrich von Kleist und seiner zweiten Frau Juliane Ulrike, geb. von Pannwitz, geboren.

1788 *Juni:* Tod des Vaters.
Kleist wird von dem Prediger und Übersetzer Samuel Henri Catel in Berlin unterrichtet (bis 1792).

1792 *Juni:* Kleist tritt als Gefreiter-Korporal in das Garderegiment Potsdam ein.

1793 *Februar:* Tod der Mutter.
März: Kleist nimmt als Soldat am Rheinfeldzug der feudalen Koalition gegen die französische Republik teil (bis 1795).

1795 *Juni:* Nach dem Baseler Sonderfrieden zwischen Preußen und Frankreich kehrt Kleist nach Potsdam zurück.

1797 *März:* Kleist wird zum Leutnant befördert.
Beginn der lebenslangen Freundschaft mit Ernst von Pfuel.
Zusammen mit dem Freund J. J. Otto August Rühle von Lilienstern unternimmt Kleist eine Reise in den Harz.
Kleist beginnt mit autodidaktischen Studien in Mathematik, Philosophie und Musik und beschäftigt sich intensiv mit den Schriften Christoph Martin Wielands.
Freundschaft mit der Cousine Marie von Kleist und der zum Hofadel gehörenden Adolphine von Werdeck. Schwärmerische Liebe zu Luise von Linckersdorf.

1799 *April:* Abschied vom Militär
Kleist immatrikuliert sich an der Universität in Frankfurt an der Oder zum Studium der Rechtswissenschaften, nebenbei besucht er Vorlesungen in den Fächern Philosophie, Mathematik und Physik.
Freundschaft und Verlobung mit Wilhelmine von Zenge, der Tochter des Ortskommandanten.

1800 *August:* Kleist bricht das Studium ab und kehrt nach Berlin zurück.
Würzburger Reise mit dem Freund Brockes.
Es entsteht ein Entwurf der Tragödie »Familie Ghonorez«, die

später unter dem Titel »Familie Schroffenstein« veröffentlicht wird.

Plan zum Drama »Penthesilea«.

Kleist liest Jean-Jacques Rousseaus pädagogischen Roman »Emile oder über die Erziehung« sowie Schillers »Don Carlos, Infant von Spanien« und »Wallenstein«.

November: Er erhält eine Anstellung als Volontär im preußischen Wirtschaftsministerium in Berlin.

1801 *März:* Die Lektüre von Kants Schriften »Kritik der reinen Vernunft« und »Kritik der Urteilskraft« löst eine schwere Krise aus.

April: Kleist reist mit seiner Schwester Ulrike über Dresden (Freundschaft mit den Schlieben-Schwestern), Halberstadt (Besuch bei Johann Wilhelm Ludwig Gleim), Göttingen, Mainz und Straßburg nach Paris.

Juli-November: Aufenthalt in Paris.

Die erste Fassung der Erzählung »Die Verlobung in San Domingo« entsteht (gedruckt 1811 im 2. Band der »Erzählungen«).

November: Rückreise nach Frankfurt am Main.

Reise in die Schweiz.

Umgang mit Heinrich Zschokke, Johann Daniel Falk, Heinrich Geßner und Ludwig Wieland, dem Sohn Christoph Martin Wielands.

1802 *Februar:* Kleist bezieht eine Wohnung auf einer Aare-Insel bei Thun.

Arbeit an den Dramen »Der zerbrochene Krug« und »Robert Guiskard, Herzog der Nordmänner« (erscheint 1808 in der Zeitschrift »Phöbus«).

Fertigstellung der Tragödie »Familie Schroffenstein«.

Mai: Bruch mit Wilhelmine von Zenge.

Juli: Rückkehr nach Bern.

Kleist liest Freunden sein Erstlingsdrama »Die Familie Schroffenstein« vor; die pessimistische Tragödie erntet im fünften Akt stürmisches Gelächter.

Juli/August: Schwere Krankheit Kleists.

Oktober: Reise nach Weimar zusammen mit der Schwester Ulrike und Ludwig Wieland.

1803 *Januar-März:* Aufenthalt auf dem Gut Oßmannstedt von

Christoph Martin Wieland in der Nähe von Weimar.

Luise, die dreizehnjährige Tochter Wielands, verliebt sich in Kleist.

Kleist liest das Fragment »Robert Guiskard, Herzog der Nordmänner« vor und empfängt großes Lob von Wieland.

»Die Familie Schroffenstein« erscheint.

Reise nach Leipzig und Dresden, wo er Umgang mit Henriette von Schlieben pflegt.

Selbstmordpläne.

Juli: Reise nach Bern, Mailand, Genf und Paris.

Mit dem Plan, in die französische Armee einzutreten, reist Kleist weiter nach Boulogne-sur-Mer.

Körperlicher und seelischer Zusammenbruch nach seiner Rückkehr nach Paris.

November: Kleist kehrt nach Deutschland zurück.

1804 *Januar-Juni:* Aufenthalt in Mainz, wo er von dem Arzt und Schriftsteller Georg Wedekind behandelt wird.

Kleists Tragödie »Die Familie Schroffenstein« wird am Nationaltheater in Graz uraufgeführt.

Juni: Rückkehr nach Berlin.

Kleist erhält eine Audienz bei dem Adjutanten von Köckeritz im Charlottenburger Schloss, wo er sich um eine staatliche Anstellung bemüht.

September: Wiedereintritt in den preußischen Staatsdienst.

1805 Kleist arbeitet im preußischen Finanzministerium.

Mit dem Lustspiel »Der zerbrochene Krug« stellt er ein weiteres Drama fertig.

Mai: Kleist erhält eine Anstellung in Königsberg als Diätar der Domänenkammer.

Er beginnt ein Studium der Kameralwissenschaft an der Universität Königsberg bei Christian Jakob Kraus. Das Interesse für politische Ökonomie veranlasst ihn zur Lektüre der Abhandlung »Untersuchung über die Natur und die Ursachen des Nationalreichtums« (1776) von Adam Smith.

Wiedersehen mit Wilhelmine von Zenge.Kleist arbeitet an den Erzählungen »Michael Kohlhaas« und »Die Marquise von O...« sowie an den Dramen »Penthesilea« und »Amphitryon«.

1806 *August:* Kleist erhält Krankenurlaub und geht fünf Wochen zur

Kur nach Pillau.

Endgültige Aufgabe der Beamtenlaufbahn.

1807 *Januar:* Kleists Versuch, nach Berlin zurückzukehren, wird durch den militärischen Zusammenbruch Preußens im Oktober 1806 erschwert.

Februar: Kleist gerät in französische Gefangenschaft.

März: Ankunft in Fort de Joux.

April: Kleist wird im Kriegsgefangenenlager Chálons-sur-Marne interniert.

»Amphitryon, ein Lustspiel nach Molière« erscheint.

Goethe lehnt die Verquickung des Christlich-Mystischen mit dem Antiken und Komischen in »Amphitryon« ab.

Juli: Kleist wird aus der Gefangenschaft entlassen und tritt die Rückreise nach Deutschland an.

August: Nach kurzem Aufenthalt in Berlin kommt Kleist in Dresden an.

Die Erzählung »Jeronimo und Josephe. Eine Szene aus dem Erdbeben zu Chili vom Jahre 1647« erscheint im »Morgenblatt für gebildete Stände«, sie erhält später den Titel »Das Erdbeben in Chili«.

Umgang mit Christian Gottfried Körner, Adam Müller, Sophie von Haza, Gotthilf Friedrich Schubert, Baron von Buol und Ludwig Tieck im literarischen Salon von Rahel und Karl August Varnhagen.

Kurze Liaison mit Julie Kunze. Kleist beendet die Arbeit an der Tragödie »Penthesilea« und schließt das historische Ritterschauspiel »Käthchen von Heilbronn oder Die Feuerprobe« ab.

1808 Zusammen mit Adam Müller beginnt Kleist mit der Herausgabe der Monatsschrift »Phöbus. Ein Journal für die Kunst« (bis Dezember 1808).

Teile von Kleists Schriften werden im »Phöbus« gedruckt (»Penthesilea«, »Robert-Guiskard-Fragment«, »Michael Kohlhaas«).

In einem Brief lehnt Goethe die Tragödie »Penthesilea« wegen ihrer theaterwidrigen Form ab.

März: Die Uraufführung des Lustspiels »Der zerbrochene Krug« am Hoftheater in Weimar wird zu einem Misserfolg, nicht zuletzt wegen Goethes Bearbeitung des Dramas.

»Penthesilea« erscheint.

April: Die Monatsschrift »Phöbus« gerät in Finanzschwierigkeiten.

Dezember: Kleist stellt sein Drama »Die Hermannsschlacht« fertig (erscheint erst 1821 in den »Hinterlassenen Schriften«).

1809 Mit großer Begeisterung liest Kleist den patriotischen Schriftsteller und Publizisten Ernst Moritz Arndt.

April: Kleist gerät wegen des Scheiterns des »Phöbus« in Streit mit Adam Müller.

Reise nach Österreich und Prag zusammen mit Friedrich Christoph Dahlmann.

Mai: Nach der Besichtigung des Schlachtfeldes bei Aspern wird Kleist vorübergehend festgenommen.

Kleist plant, unter dem Namen »Germania« eine politische Wochenzeitschrift mit nationaler Tendenz in Österreich herauszugeben, sein Gesuch um Genehmigung wird jedoch von den Behörden ignoriert.

Juni-Oktober: Aufenthalt in Prag.

Schwere Krankheit.

November: Reise nach Frankfurt an der Oder.

1810 *Januar:* Rückkehr nach Berlin

Umgang mit Adam Müller, Achim von Arnim, Clemens Brentano, Bernhard Anselm Weber, Friedrich de la Motte Fouqué, Rahel und Karl August Varnhagen in der Christlich-Deutschen Tischgesellschaft.

März: Kleist schreibt ein Geburtstagsgedicht an Königin Luise. »Das Käthchen von Heilbronn oder Die Feuerprobe« wird in Wien uraufgeführt.

Bekanntschaft mit dem Verleger Georg Andreas Reimer.

Der erste Band von Kleists »Erzählungen« (»Das Erdbeben in Chili«, »Die Marquise von O...«, »Michael Kohlhaas«) erscheint.

Oktober: Die erste Ausgabe der von Kleist herausgegebenen Tageszeitung »Berliner Abendblätter«, in der er selbst einige Erzählungen und Anekdoten veröffentlicht, erscheint.

»Das Käthchen von Heilbronn oder Die Feuerprobe« wird veröffentlicht.

Kleist bemüht sich um staatliche Unterstützung für die »Berliner Abendblätter«.

1811   »Der zerbrochene Krug« erscheint.

März: Die letzte Ausgabe der »Berliner Abendblätter« wird gedruckt.

Juni: Kleist beendet sein Schauspiel »Prinz Friedrich von Homburg« (erscheint 1821 in den »Hinterlassenen Schriften«).

Der zweite Band von Kleists »Erzählungen« (»Die Verlobung in San Domingo«; »Das Bettelweib von Locarno«; »Der Findling«; »Die heilige Cäcilie oder die Gewalt der Musik«; »Der Zweikampf«) kommt heraus.

Umgang mit Marie von Kleist, August Graf Neithart von Gneisenau und Henriette Vogel.

September: Kleist wird die Wiedereinstellung als Offizier in Aussicht gestellt.

21. November: Freitod Kleists am Kleinen Wannsee bei Berlin, gemeinsam mit Henriette Vogel.

Erzählungen der Frühromantik

1799 schreibt Novalis seinen Heinrich von Ofterdingen und schafft mit der blauen Blume, nach der der Jüngling sich sehnt, das Symbol einer der wirkungsmächtigsten Epochen unseres Kulturkreises. Ricarda Huch wird dazu viel später bemerken: »Die blaue Blume ist aber das, was jeder sucht, ohne es selbst zu wissen, nenne man es nun Gott, Ewigkeit oder Liebe.«

Tieck Peter Lebrecht **Günderrode** Geschichte eines Braminen **Novalis** Heinrich von Ofterdingen **Schlegel** Lucinde **Jean Paul** Des Luftschiffers Giannozzo Seebuch **Novalis** Die Lehrlinge zu Sais
ISBN 978-3-8430-1878-4, 416 Seiten, 29,80 €

Erzählungen der Hochromantik

Zwischen 1804 und 1815 ist Heidelberg das intellektuelle Zentrum einer Bewegung, die sich von dort aus in der Welt verbreitet. Individuelles Erleben von Idylle und Harmonie, die Innerlichkeit der Seele sind die zentralen Themen der Hochromantik als Gegenbewegung zur von der Antike inspirierten Klassik und der vernunftgetriebenen Aufklärung.

Chamisso Adelberts Fabel **Jean Paul** Des Feldpredigers Schmelzle Reise nach Flätz **Brentano** Aus der Chronika eines fahrenden Schülers **Motte Fouqué** Undine **Arnim** Isabella von Ägypten **Chamisso** Peter Schlemihls wundersame Geschichte **Hoffmann** Der Sandmann **Hoffmann** Der goldne Topf
ISBN 978-3-8430-1879-1, 408 Seiten, 29,80 €

Erzählungen der Spätromantik

Im nach dem Wiener Kongress neugeordneten Europa entsteht seit 1815 große Literatur der Sehnsucht und der Melancholie. Die Schattenseiten der menschlichen Seele, Leidenschaft und die Hinwendung zum Religiösen sind die Themen der Spätromantik.

Brentano Die drei Nüsse **Brentano** Geschichte vom braven Kasperl und dem schönen Annerl **Hoffmann** Das steinerne Herz **Eichendorff** Das Marmorbild **Arnim** Die Majoratsherren **Hoffmann** Das Fräulein von Scuderi **Tieck** Die Gemälde **Hauff** Phantasien im Bremer Ratskeller **Hauff** Jud Süss **Eichendorff** Viel Lärmen um Nichts **Eichendorff** Die Glücksritter
ISBN 978-3-8430-1880-7, 440 Seiten, 29,80 €

Karl-Maria Guth (Hg.)

Dekadente Erzählungen

HOFENBERG

Karl-Maria Guth (Hg.)

Erzählungen aus dem Sturm und Drang

HOFENBERG

Karl-Maria Guth (Hg.)

Erzählungen aus dem Sturm und Drang II

HOFENBERG

Dekadente Erzählungen

Im kulturellen Verfall des Fin de siècle wendet sich die Dekadenz ab von der Natur und dem realen Leben, hin zu raffinierten ästhetischen Empfindungen zwischen ausschweifender Lebenslust und fatalem Überdruss. Gegen Moral und Bürgertum frönt sie mit überfeinen Sinnen einem subtilen Schönheitskult, der die Kunst nichts anderem als ihr selbst verpflichtet sieht.

Rainer Maria Rilke Die Aufzeichnungen des Malte Laurids Brigge **Joris-Karl Huysmans** Gegen den Strich **Hermann Bahr** Die gute Schule **Hugo von Hofmannsthal** Das Märchen der 672. Nacht **Rainer Maria Rilke** Die Weise von Liebe und Tod des Cornets Christoph Rilke

ISBN 978-3-8430-1881-4, 412 Seiten, 29,80 €

Erzählungen aus dem Sturm und Drang

Zwischen 1765 und 1785 geht ein Ruck durch die deutsche Literatur. Sehr junge Autoren lehnen sich auf gegen den belehrenden Charakter der - die damalige Geisteskultur beherrschenden - Aufklärung. Mit Fantasie und Gemütskraft stürmen und drängen sie gegen die Moralvorstellungen des Feudalsystems, setzen Gefühl vor Verstand und fordern die Selbstständigkeit des Originalgenies.

Jakob Michael Reinhold Lenz Zerbin oder Die neuere Philosophie **Johann Karl Wezel** Silvans Bibliothek oder die gelehrten Abenteuer **Karl Philipp Moritz** Andreas Hartknopf. Eine Allegorie **Friedrich Schiller** Der Geisterseher **Johann Wolfgang Goethe** Die Leiden des jungen Werther **Friedrich Maximilian Klinger** Fausts Leben, Taten und Höllenfahrt

ISBN 978-3-8430-1882-1, 476 Seiten, 29,80 €

Erzählungen aus dem Sturm und Drang II

Johann Karl Wezel Kakerlak oder die Geschichte eines Rosenkreuzers **Gottfried August Bürger** Münchhausen **Friedrich Schiller** Der Verbrecher aus verlorener Ehre **Karl Philipp Moritz** Andreas Hartknopfs Predigerjahre **Jakob Michael Reinhold Lenz** Der Waldbruder **Friedrich Maximilian Klinger** Geschichte eines Teutschen der neusten Zeit

ISBN 978-3-8430-1883-8, 436 Seiten, 29,80 €